Djævlerier

Sophus Claussen

Djævlerier

Digte

imprimatur

Sophus Claussen
Djævlerier
Efter førsteudgaven 1904
© imprimatur
Forlag: BoD - Books on Demand, København, Danmark
Tryk: BoD - Books on Demand, Norderstedt, Tyskland
ISBN 9788743002963

Indhold

Det er ej stort, hvad vi fortæller her,
og ikke nyt og overmåde sælsomt.
Den bedste Dåre bli'r med Tiden tvær,
og grønne Indfald voxer ej på Træ'r.
Skærsommeræventyret skifter Scene,
og Slanger hænger ned fra Edens Grene.

I

I min Ungdom

Der var i min Ungdom
        — ak Gud, hvor jeg længtes! —
så mange Porte,
        hvis Låse stængtes.

Bag dobbelte Døre
        og uhyre Skodder
jeg sukked mod Luft
        som den fattigste Stodder.

Men Dagen skal gry,
        da vi glemmer at sove
for Hestevrinsken
        og hastende Hove.

Vi brækkede Skodderne,
        sprængte Porten
og kaldte Tyrannerne
        ud i Skjorten.

... Det var i min Ungdom,
        de spærred mig inde.
Nu er jeg mer fangen
        end nogen Sinde.

Og lidet nytter
        at drømme og våse
om brudte Skodder
        og åbne Låse.

Og lidet nytter
        min Hexen og Gøglen.
Det var i min Ungdom,
        da havde jeg Nøglen —

Guldnøglen, som åbner
        de gråvejrs-våde
Paladsers Porte,
        der gemmer en Gåde.

Og når jeg vinked,
        da oplod sig Buret,
hvis stolte Tærskel
        skinnede skuret.

En Dørvogterinde
        stod blond og fager
og sænked sin Pande:
        ”Som I behager!”

Hun sænked sin Hånd
        som en Lysengel Sværdet
(jeg skjalv ved at se mig
        så skælvende æret) —

og førte mig tyst til
        den Underskønne,
hvis Læber var smalle
        og Øjnene grønne.

... Der vented en Fe
        i en hemmelig Stue

ved Kobber-Fyrfadets
    blålige Lue —

Mens Væggenes Tæpper
    var vævede Fabler
med Lotus og Øgler
    og Storkesnabler.

Der findes Asner, som vil have,
at Nattergale med en Sæk
hver Morgen skal til Mølle trave.
Jeg kalder denne Fordring fræk,
da ingen Nattergal forlanger,
at noget Asen bliver Sanger.
(Efter Burger)

Brev fra Landet

Evig den opblødte Muld,
    de dødsorte Skove,
Livet er gået i Stå
    og glemte dets Love.

Evig den dryppende Regn,
    de skumrende Stammer,
mørkt som i Havdybets Skjul,
    i Bølgernes Kammer.

Ja, som et dødmærket Land,
    hvor Vandfloden hærged ...
Fiske blandt Træernes Fletværk
    Føden sig bjærged ...

stiger det nu med sit Dynd
    som en udtørret Sluse,
gaber det tomt med sin Tue,
    hvor Guder ej huse.

Hærget er Livet i Mark.
    Og på skovdunkle Steder

støttet til Træernes Bark
        står Skygger og græder.

Mennesker kommer her vel,
        men bøjede, bitre,
Væsner fortættet af Mulm,
        som langsomt forvitre.

* * *

Min Ven er flyttet på Landet
        og er i et Bondehus havnet
og har sine rigeste Timer
        i *Dyrkelsen af Savnet.*

Han nyder som eneste Selskab
        på hellige Dage og søgne
de kalkede, nøgne Mure,
        fordi han elsker det nøgne.

Her har han sin rolige Grublen
        til Selskab — fornøjet med Resten,
når Øret kun mærker den trolige
        Rusken af Natteblæsten.

Selv Vinen frister ham ikke.
        Fra Løjbænken, svøbt i sin Kappe,
han ønsker og venter kun Tagdryppets
        Aftenbesøg på sin Trappe.
Men kommer der Gæster fra Byen,
        er hele hans Adfærd en Gåde,
thi ærgerlig ved deres Tale
        han drikker sig ør over Måde.

Han sværger: "Skal *det* være Sandhed,
        som I med kold og med sober
Forstand erklærer for Sandhed,
        vil *jeg* ikke være sober.

"Og skal de Meninger gælde,
        hvortil efter rolig og ædru
Betænkning I synes at hælde,
        vil *jeg* ikke være ædru.

"Jeg troed en Gang på Genier
        og den Slags Djævlerier,
hvorom i Jert retskafne Samfund
        med sund Fornuft I tier.

"Men tør man uden at standse
        bekranse en ganske nøgtern
Æsel med Åndens Kranse,
        vil *jeg* ikke være nøgtern.

"Jeg er for Resten til Hverdag
        den sobreste af Misantroper,
men genta'er, hvis I er ædru,
        vil *jeg* ikke være sober."

Afsked

Efter en Drøm uden Lige
skilles vi høflige, spydige
som to demaskerede Fægtere,
der erklærer hinanden for dydige.

Vi skilles som to Duellanter,
der hilser med sænkede Våben.
De krysted hinanden en Smule for tæt
Ansigt til Ansigt, Visiren åben.

Som Amazonen hilser sin Helt,
som Helten sin Amazone,
to stumme Fjender, der skued for dybt,
men genfandt en skæmtende Tone —

Vi hilser med sænkede Klinger
muntert, men ikke smittende.
Én var det nye Århundrede,
den anden forblev i det nittende.

På de gamle Steder

Alting skifter om, alt er byttet om,
Gader, Folk og Trapper, hvor jeg fordum kom,
selv den gamle Dør, hvor med ung Gevalt
til mit Pigebarn jeg ind i Huset faldt.

Hvilken flygtig Verden vi dog lever i!
Synderinden selv har gjort et rigt Parti.
Alt er bleven nyt, Trappe, Lås og Dør;
selv min Piges Moder er ej barsk som før.

Thi når Lykken fylder vore Døtres Sejl,
straks en Sol forgylder deres Ungdomsfejl.
Deres Moder smiler. Her var vundet Spil,
havde Svigermoder haft en Datter til.

Alt er skiftet om, intet er som før.
Ak den unge Elskov bag den gamle Dør,
da jeg over Tærsklen ind i Huset faldt,
og mit Pigebarn slet ikke skreg Gevalt.

Poeten og Naboersken

De Mænd og Koner i sikre Boder
med Regnskabsbøger og grublende Ho'eder
        og mægtige Buge —
de kender præcis deres egen Nødtørft
og ved, hvad Landet skal bruge.
Derinde ved Pulten
        (når Maven er mæt)
forarges de over en Broder,
fordi han er åndelig sulten.

Den Gang jeg var ung
        (det var ikke i Går)
da gik der en Pige med sortladent Hår
og klapped vor Nabokats Killinger
        med ivrige Hænder,
imens hendes Tænder
        — som skrevet står —
        (læs Salomons Højsang)
        var hvide som *klippede Får*,
og når hun smilte, da *fødte de Tvillinger.*

        Hun lo af de tusinde Grunde
        og alt, som ikke har Grund,
        af de mindste små Katte og Hunde,
        og havde den rødeste Mund.

Den Gang jeg var ung
    (med Adgangen fri
til alt på Forfremmelsens Stige),
da sprang jeg over et Plankeværk,
bag hvilket en sorthåret Pige
lod syv og ni være lige.
En Tanke, jeg altid har haft
    — i Grunden —
hun var en sparsommelig Pige,
der gemte en Skat i sit Strømpeskaft,
lidt Kobber på Kistebunden!
Men jeg var ung og ved Kraft,
på Vej til de højeste Stillinger ...
Før Gårdhunden sov, blev hun utro imod
den smukke Kommis i den nærmeste Bod.
Og hun gav mig Kys på Munden,
som ikke var Enesteskillinger.

Hun borged mig Ly og lidt lånt Poesi.
Ja *det* var Ungdoms Sværmeri.
Men grisk efter Realiteterne
hun søgte et bredere Spor,
så snart hun af Skade erfor,
hvor lidt man skal tro på Poeterne.
En sorthåret Pige med hvide Tænder
er aldrig rådvild, ihvor hun sig vender.
Som Smørfjerding-Høkerens Diskejomfru
    til Ære for Nytten og Næringen
      vendte hun Bøtten og Fjerdingen.

Der så' jeg, hun stod med purret Hår,
mørkere, sværere År for År,

som Diskejomfru — tilfreds og lettet,
når hun har solgt sit daglige Kvantum
og fået Debet kvitteret og slettet.
Blandt Skinker og Skanker af islandske Lam,
der bugned hun ud og blev Mandens Madam
og sad med et hedensk og hånende Blik
i Høkerbutikens Reykjavik.

Den Gang jeg var ung
        (det var ikke i Går)
     ja da var vi Venner — —
Hvad nytter de Kys og de hvide Tænder,
        hvis Smil fødte Tvillinger —
når Strømpeskaftet ej ynglede Skillinger?
        Så kom hun fornuftig til Indsigt i,
        at hun havde fejlet et godt Parti
            ... jeg fejled de højeste Stillinger ...
Hun danned imod Poesien
med alle de Fjender, man aldrig har set,
        en uovervindelig Majoritet.

Hun lo og bedrog sin Kommis.
Nu vender hun Ryggen, hvis jeg går forbi ...
Men Ryggen er vild Poesi.

Parken og Staden

Nu fyldes Parken af Skygger,
og henad de grusede Stier
der vandrer, mens Fuglene tier,
usynlige Pudderparykker.

Fontænefigurerne gaber
med vandløse Fiskemuler,
og Svanen fortærer de Smuler,
de sidste Søndagsbørn taber.

Når alle Fodtrin er døde,
da bobler Begæret og Kraften
sødt i den ensomme Aften ...
det svundne går mig i Møde.

I Ly bag sit smedede Gitter
er Parken skønheds-ladet
som en Susanne i Badet,
og Rådsherrer går der og titter.

... Men udenfor i Gaden
er Skønheden styrtet fra Tronen.
Der raser Dæmoner i Staden,
der blæser Sommer-Tyfonen.

Der daler ej Solnedgangs-Roser
på rødmende Havfruebryster.
Dér ta'er de antike Lyster
til Takke med hullede Hoser.

Derude der håbes og bæves.
Der iler med rastløse Knokler
de Statuer, som forgæves
søger om deres Sokler.

Djævlerier

I Kirkernes Skjul, medens Præster forkynde
om Nåden, fortvivler Skønjomfru på Knæ.
"Ak Luften er arm, hvor den fromme har Læ.
Et ormædt Panel og en Væg uden Ynde
er alt, hvad jeg ser, når jeg ikke må synde;
men Satan er frisk som det grønne Træ."

Den stolte Margrete hun sukker på Knæ:
"Et ormædt Panel og en Væg uden Ynde ..."

Hun klager: "Her visner hver levende Evne,
men Fristeren drager forunderlig skønt
med Løfter og Ord, som jeg gruer at nævne,
min Attrå til Steder, hvor Løvet er grønt.
Jeg angrer ej mere. Ja værre, langt værre
jeg Djævelens Datter, jeg kalder ham Herre."

Men når hun har fristet med vanvittig Tale
sin Frister, da vandrer hun urørt som før
og kysk til sit Hjem med den trange Dør.
Thi Djævlen er kostbar at få i Tale.
Et pralende Glimt af hans Ildstjærne-Hale
kan de fleste slet ikke betale.

De høres så bitterlig sukke:
"Hvor kunde man tage sig Livet let,
i Fald man rigtig til Bunden var slet! ..."

— Man går over Åen og spørger om Vand,
men søger ej Djævelen der, hvor man kan,
og høster de Frugter, der lader sig plukke,
de smukke så vel som de mindre smukke.

Skøn Jomfru tag Sæde og und dig lidt Hvil
og luft din Barm, som er altfor snøret.
Hvorfor vil Du løbe unyttige Mil
på Vejen i Vinterføret?
Din Lykke — den narrer dig ikke April.

Jeg ser på dit himmelske Smil,
at man hvisker dig Djævle i Øret.

II
Trappen til helvede

— Det er, som skjulte
Orkestre klinger —

I

Det er, som skjulte Orkestre klinger,
på Skuldrene voxer usynlige Vinger —

så ofte man rækker Fanden en Finger.

Det er, som der højlydt blev hulket og skogret,
som blev man med Dybets Dæmoner besvogret,

så snart man en Smule for Satan har logret.

Når en ung og ugudelig Krop får i Sinde
at elske en hæslig og ældet Kvinde,
hvis bedagede Pragt det er djævelsk at vinde —

er der ofte en yngre Lykke, han vrager
for en Hex, en Sibylle så benradsmager
som Knokler og Skind og gravlagte Sager.

Men i Furiens Øjne der tindrer og spiller
et blåligt Skær, som hans Sanser forvilder,
en Genglans fra Livets Petroleumskilder.

Og han søger den hæslige Kvinde i Trangen
til at kende sit Hjærte på Retten og Vrangen.
Og han ved, hvad han gør, skal han sikkerlig bøde.
Men han føler Dødssyndens Fryd ved sin Brøde,
når Mumien lover det ønskede Møde.

II

Det er Ting, man har hørt. Men jeg kender en anden
Fortælling om én, der var opfyldt af Lede
ved Maden, som Livets Kokke berede.
Han var ikke mer nogen Yndling, var Manden,
han afskyed Køknet, især dog det fede,
og kunde behøve lidt Bistand af Fanden.
Ak, lidet nytter vor Stræben og Stritten,
i Fald det står dårligt med Appetitten!

Hans Liv ... det var nu kun en Dynge Ruiner ...
havde genlydt af Ungdommens Violiner,
hvis Veskrig og Fryd sine Hymner løfter
fra Skrænternes Sus og de dybe Kløfter;
han havde endog fået opført, en Dag,
en Opera, Pressen i Landet fandt svag.

Hans Liv havde lydt med en stoltere Tone.
Man holder af den, man som ung får til Ægte,
den slankeste Jomfru var bleven hans Kone
i Silke og Pynt til at løse og hægte.
Hun ligned et Buestrøg over et spændt,
spinkelt og vidunderskønt Instrument.

Der stod han rank i et Fremtids-Orkester
som første Mand, Violinens Mester,
ved Foden af Trappen, som fører til Himlen,
og stirred i Afgrundens Dyb uden Svimlen.

Men al Ting mister i Længden sin Charme,
og Hustruens Favn med dens fattige Kunst

blev glemt for Veninder med trindere Arme
og kraftige Køkner med stærkere Dunst.

Og da hans Halvpart tog til og blev fed nok
og også blev utro med Tiden og led nok,
da lod han sig ganske summarisk skille.

På *det* Instrument lod sig ikke mer spille.

Nej vil du høre en Tone, der klinger,
da må du række Fanden en Finger.

... Og det var — for at holde sig mindre trist -
en Fandens Bestilling, han drev tilsidst.

Offenlighed
er de Vises Sten -

III

Han drømte en Tid om store Slag
og gik i de miskendte Kunstneres Lag.
Men da der er ingen Retfærdighed til
af højere Art end i Handel og Spil,
hvor to og to giver fire,
- det er Dårskab at spille på Lire -
lidt træt af at vente på Lykkens Tærning
han henfaldt til journalistisk Gærning,
en Virken, der også kan sætte Mærker
i et Land, hvor Himlen er Baggrund for Lærker

og Jorden for Landsmænds daglige Værker
(og tilmed en Vej til at tjene en Skilling ...
jeg ved det selv ... men en Fandens Bestilling.)

Offenlighed er de Vises Sten.
Det er trist at gå rundt på to ensomme Ben,
forladt af hver Djævel, forladt af hver Gud:
man må samle sin Kummer og kaste den ud,
man må blotte en Nerve, som ingen har set;
der er Trang selv hos Kvinder til Publicitet.

Man må vælge sin Vej til at blive almen.

Den store Almenhed, hvorefter vi higer,
har frikendt Korsarer, Prinsesser og Piger.

Om alt kan der tvistes, og ingen er rene,
men op på en Talestol, frem på en Scene!
Man trækker sit Guld ud af alles Lommer,
når man rømmer sit Sogn og får Verden til Dommer.
Og man fødes påny til en skønnere Renhed
ved at åbne sit Bryst for en større Almenhed.

Det er Fremtidens Gud, som bebor det Almene.
Jeg tror, at de ikke gør Skjaldene Ære,
de ældgamle Angreb, man kender på Pressen.
Ja tvært imod andre vil jeg erklære:
når ej man kan føre Napoleons Hære,
Journalist er det eneste, man kan være.

Det gælder at fange om Interessen,
at kende de Mænd, som skal Landet bære,

samt Svinenes Fodring og Køernes Græssen
fra Dag til Dag, og at være på Færde
for en Hest, men ikke en Hestepære.
Og intet er sløjt som en Ånd eller Digter,
der omfatter Verden og aldrig læses
og derfor uddeler Næser og … næses
af Pressen, til hvem i sin Ondskab han sigter,
og allermest, hvis hans Ondskab skal rime.
Langt før Journalist og Geni for en Time!
Når ej man er Pol-Prik i Verdens-Elipsen
eller Nordpolberejst eller Edison, Ibsen,
må man stå i et Blad blandt de allermest nære.
Journalist er det eneste, man kan være.

Hvor klart, at den Livsgnist, som hedder Geniet,
blev ikke tændt for at kvæles i'et!
Hvem ved: selv den usleste Gøg mellem Ånder,
selv den, der bevislig skrev for at skade
(de andre er ofte så tomme og flade)
har fyldt i Århundredets Arbejdskolonner
sin Plads trods de mange med Hakke og Spade —?

Men en Fandens Bestilling, et Dagværk som Pesten,
hvor for Samfundets Skyld man må opofre Næsten,
og selv om man kæmper for Helligånden,
må trykke Ondskabens Fyrste i Hånden
og aldrig se ham for meget på Neglene
… for Sagens Skyld … det gi'er Sus i Sejlene.

IV

Og hin Journalist, som var kry og besat,
greb strax uden Omsvøb Almenheden fat.
Han brugte hver Frase, når blot den var fed nok,
hver Hån, når den blot var forpestet og led nok.
Han ligned en Gang i et Mod uden Grænser
sig selv med den vittigste Athenienser,
hvem han skænked en Titel — måske for almen —
"Aristòfanes ... Journalist i Athen!"

Han skildred i Bladet "den gamle Hedning"
som en Ven, som en Åndsbeslægtet ... som én,
der søled sig glubsk i hver Rendesten
"for at kende alt Skarn, hvoraf Byen lugter,
og siden blive dens rædsomme Tugter".

Så mangen blev træt af at løse og hægte
den Hustrus Korset, han som ung tog til Ægte.
Men få kan som hin Journalist skifte Vinkel
og slippe en Lykke, der blev os for spinkel ...

Hans Hustru gik bort for at opsøge Lykken —
Der var en Fordom, han strax vendte Ryggen;
han skrev: "Der er *skrevet for meget om Lykken!* ...
Kun Tåberne tror på det korte Bedrag
og håber at fange et Solstrejf en Dag,
men senere optræder *Vanen og Driften*
lidt hverdags og *tilføjer Efterskriften* ..."
Han skrev, at han opgav at være ren
for at blive i Hast desmere almen!
Han ytred fornøjet — "Vor krasse Mandhaftighed

forlanger i Suppen lidt Sul og lidt Saftighed;
jeg ønsker at bruge hver Lyst eller Last,
som blot for en Time kan holde mig fast!
Metoden har ført mig til åndfulde Farter
blandt alle de sælsomme Menneskearter;
jeg tilstår, jeg attrår at rive itu,
hvad andre havde holdt sammen til nu:
den *løjede Dyd* med dens hellige Spænder
og Bæltet om Skønhedens ukyske Lænder ...
Jeg elsker Synet af Smærten og Svien
— (og vedgår det åbent) — men intet af alt
er skønt som Fornedrelsessympatien,
der tænder sit Lys dér, hvor Lovene ender,
hvor godt og ondt sidder sammen som Venner ..."

Den sande Skribent har ej Ro eller Rist,
før han sætter en Verdensrekord til sidst.
Men Offerblod kræver den åbne Scene
af Martyr, af Helt eller skøn Magdalene.
Han vidste, det gælder at stå — eller falde
så dybt, at man bliver Exempel for *alle*.
Det er Fremtidens Gud, som bebor det Almene.

Den Mand var i hvert Fald slet ikke fersk.
Og Kvinderne bad ham: Betving mig og hersk!

Så smæded han Mænd og var Ven med hver Kvinde.
Bestemt på at søge et Mål, som var stort
— og derfra, om muligt, til Fremtidens Tinde —:
han agted af almene Hensyn at finde
de tabte Veje til Helvedes Port!

Men han blev ældre
og opfyldt af Lede —

V

Men han blev ældre og opfyldt af Lede
ved alle Slags Sejre — de magre og fede. —
Man sejrer så tit, at man ophæver Grænsen
fra Ønsket til Målet ... Og se Konsekvensen:
i en hæftig Debat eller midt i en Krysten —
han savnede Hadet, manglede Lysten.
Han stod vel som Bødlen beredt til Slagten,
men nød ej Fornedrelsens Sødme, Foragten,
som er Nøglen til Æren og Riget og Magten.

Da Ønsket alene er Vejen til Målet,
han stod som en Mand, hvis Rekord man har stjålet.
Han stirred på Himlen, der kimed af Lærker,
og Jorden, der vrimled af Landsmænds Værker.
(Napoleons Ørn måtte ta'e Residens
på en Ø ... da selv han havde ønsket sig læns,
et Bytte for *Ørnenes Impotens!*)

Da traf Journalisten den ledeste Kvinde
af alle de lede, som var at finde.
En Lystens og Lasternes Velynderinde,
der gemte med tætvævet Slør nedom Hagen
et vansiret Ansigt og aldrig om Dagen
voved sig ud over Gadernes Brede,
men lydløs som Flagermusen, der skjuler
sig Døgnet igennem i slimede Huler,
må idelig kredse, når Solen er nede.

Hun syntes en fuldgyldig Repræsentant
for Fulhedens Fyrste — en Storsynderinde
med Øjne, som sært under Sløret skinne,
mens rig og hæslig i sælsomme Klæder
hun flygted til Spot gennem Lande og Stæder ...
måske en Berømthed, mulig en Stakkel,
der dødssyg håber et ydmygt Mirakel — !
Men hun gav ham et Nik, ved hvis Alvor han skælved.
Hun gav ham et Nik som en Parce, der lover
venligst at klippe hans Livstråd over,
og han følte, nu stod han, hvor Porten var hvælvet,
på det øverste Trin af Trappen til Helved.

VI

Om Vejen til Helved just er så lige
og banet, som påstås ... må andre sige.
Jeg synes, de fleste må vade og vade
ret håbløst på samme Jordoverflade,
og Djævlen med Omhu har skjult den Stige,
som fører direkte til Mørkets Rige.
Man finder vel Trapper med slibrige Stene,
som fører os nedad ... men aldrig den ene.
Og når man ej rent gider røve og myrde
— et usseligt Liv! — må man slæbe sin Byrde
og blive på Jorden og høste og tærske;
det blev os ej givet blandt Ånder at herske.

Og dog — dog er der en Tone, som klinger,
når man dristig går nedad, hvor Vejen svinger.

Han ankom til Porten i Mørkets Anex
ved Hanegal, ført af en skummel Hex,
der havde en Rang efter alt at dømme
i Ondskabens festlige Storfyrstendømme.
Han sagde til Kvinden: "De viser en Kløgt,
jeg hidtil forgæves hos Kvinder har søgt."

Han så hendes Magerhed, Intet beskriver.
Hun lod sig beskue lidt spodsk uden Hast —
"Ja al Ting forgår, og Intet forbliver.
Derfor er jeg mager ... da ingen Last
eller Dyd har formået at holde mig fast."
Og Furiefingre med Guldslangeringe
åbner med Søvngænger-Il et Korset
ind til et Bryst, der er smalt som et Brædt.
Han sagde: "Der bor ved et sådant Hjærte
en højere Ømhed, som ingen os lærte."

Dog bedst som hans Livs kimæriske Drøm
omsider har rakt ham sin Kjolesøm,
tog dette Festspil ham sletikke fangen.
Men ved hendes Nik — som Skæbnen, der sover —
ved Synet af Skikkelsen, udpint og spinkel,
der som et Skelet gik i Ex og Vinkel,
hvor Livstråden halvt syntes kappet over
— et Blændværk, en Smærte greb ham med Vold,
det var, som han genså sin Hustru på Vrangen,
den fraskilte Kvinde, fortæret, lagt gold
af skæmmende Laster og jaget til Døde,
— den slanke Pige som Ormeføde!

Det var, som ved Bødlen han kaldtes til Stede
for at forhåne sin Ungdoms Glæde.

Og tændt af Blændværket genfødtes Trangen
til Favntag, vildt som ved Ungdommens Møde.
Den hærgede dødtrætte Mand, som så mangen
frisk blussende Skønhed ej kunde gløde,
han fulgte i Hulen den ældede Søde.

Han fandt i de lurvede Kvinderuiner
et Veskrig fra Ungdommens Violiner.

VII

Nuvel, Journalisten i denne Fortælling,
som trofast svor til Forandringens Lov
og nødigst af alt vilde gælde for flov,
blev gift med en rig, gammel Ågerkælling.
Thi når man har givet Fru Satan en Finger,
da har hun højmodige Sider, som tvinger.

Hun levede længe og lod ham en Nat
alene som sørgende Enkemand efter
et vellykket Samliv — men brudt, uden Kræfter
og plukket for Tro på dæmoniske Vinger.

En ordknap Notits har han efterladt.
Han havde vel været, hvor Porten står hvælvet ...

Men der findes ej mer nogen Trappe til Helved.

III

Ny Ungdom

Fanfare

Flere! flere!
Flere Feltherrer, flere Vers, flere Kvinder!
Vi trænger til Mænd, Værker og Veninder
 og Templer — flere, flere!

Mere! mere!
Mere Forkyndelse, mere Kærlighed og Vin;
til at drukne vore Sorger behøves der en Rhin
 og Lovsyngelse — mere! mere!

Harper i Luften, Engle i Himlen
 og på Jorden — flere! flere!
Selv Mørkets Flammeånder skal ej lægges for Had.
Min Barmhjærtighed er dyb som Heidelberger Fad.

Mødet

Mødet
En sidste Vals, som tungsindig klinger,
når Salen er tom, og en uvant Danser
sin udvalgte Meddanserinde svinger.
Et enkelt Par ... og en Vals, som ej standser —

Indsigelse

> For korte Dage
> for megen Plage.
> Ved Livets Fest
> er jeg kun Gæst.

2det Møde

> Hendes blege Hår, der knyttes
> yndefuldt bag Ørets Rund
> om den kyske, fulde Nakke ...
> hendes fremadrakte Mund ...
> Brystets åbne, nøgne, kolde
> Bølgeslag på Liv og Død ...
> Mens en sagte Ild fra Kinden
> tænder Øreduppen rød.

3die Møde
En Jomfru forsøger at friste
mit prøvede Sørøvermod:
hun stopper sit Øre med Liste,
men viser des mere sin Fod.

Og over mit Søkort hun hænger
og følger min Kurs uden Ord.
Snart er der ej Grænser længer
for Ilden, som raser om Bord.

Hun tror, ved flittig at blotte
sin Ungdom hun giver mig Svar ...
Nu viser jeg slet ingen Slotte,
jeg sejler dig hjem til din Fa'er.

Jeg frygter, jeg skal dig forføre.
Jeg elsker dig højt, må du tro,
fra det fine, rødmende Øre
til den sorte Roset på din Sko.

Intermezzo

> Et Skib for Anker!
> Bølgerne klukker.
> Nattetanker
> mit Hjærte vugger.
>
> En Vind, som blæser.
> Og Strømmen — Strømmen
> iskold risler
> som Evighedsdrømmen.
>
> Snart er det stundesløse
> og korte
> forbi og borte.
> Forbi og borte.

4de Møde
Hvis i Engens Græs jeg løser dine Strømper, kysser,
                                                    stormer,
skænd ej på mig, skrig dog ikke! — Hvad der ligger mig
                                                    på Sinde
er ej det, at du er Kvinde og har jomfru-unge Former,
men at Formerne er dine, og du, heldigvis, er Kvinde.

Skovvise

”Det er et Vejr, et dejligt Forårsvejr.
Jeg har dig kær, og hvis du har mig kær,
kom, sid mig nær — jeg sidder dig så nær.”

Min stolte Dronning sang, og jeg befol.
Vi sad i Græssets lave, bløde Stol
med vore Såler vendt imod Guds Sol
                          ”Hu-hej-å-hej!”

En Dag kan gå med Kys og Fløjtespil,
mens Egetrær og Dådyr lytter til.
Man er så fri og glad, som selv man vil.

Men Solen synker, Dagen bliver bleg
og mere alvorsfuld vor skønne Leg.
Så vinker vi Farvel den mørke Eg
                          ”Hu-hej-å-hej!”

Vi Skovens Børn, som intet ondt har gjort,
vort Hjærte svimler, Riget er så stort
som ud til Dyrehavens sidste Port.

Og langt til alle Sider kan vi gå,
mens Sletten stille dugges brun og grå;
man bliver kæk, når Mørket falder på,
                          ”Hu-hej-å-hej!”

Flammen Kullet

Hun var et højst koldsindigt Kul,
        hvori min stakkels Flamme
vildt rækkende fra Loft til Gulv
        gad kysse Liv og bide Hul
og Hjærtets Krater ramme,
        et blankt og højst koldsindigt Kul
midt inde i min Flamme.

Såtit jeg så det onde Kul,
        som gjorde mig til Skamme,
jeg segned træt på Ovnens Gulv
        og tænkte i det samme,
at jeg var død for Evighed,
        i Fald jeg skulde gløde
det Kul, som lå på Hjærtets Sted
        og tynged mig til Døde.

Men atter blev jeg stolt og hed:
        — Sorttindrende Krystaller,
en Dag, en Dag de falder!
        Jeg sejrer eller dør derved.
Hvis dette Kul vil gløde,
        er det for Evighed.
Jeg lægger mig i Asken
og dør ved hendes Flammers Morgenrøde.

Midt i den sommergrønne Skov ...

Midt i den sommergrønne Skov
der går den hvide Vej,
og det var der, jeg først fik Lov
at måtte kysse dig.

Der løb en Græssti halvt forladt
med brune Olden smukt.
Vi plukked i et Nøddekrat
en grøn, ufærdig Frugt.

Du knuste dem ved Vejens Led,
mens Bier drog på Fangst.
Og det var der, mens Sol gik ned,
og jeg stod stum og angst —

at syg af Tavshed, træt af Ild
fandt Mund til Munden Vej.
Men Sjælene var strejfet vild
og fandt hinanden ej.

Demaskering

Med Tak for Lån af nogen Sorg
og rige, nu forsvundne Håb,
hvoraf De gærne gav på Borg —

med Tak for al den Fryd og Fest,
jeg selv har drømt og skabt mig selv,
tilbagesendes her min Rest —

min Rest af bittert og af smukt
(og er det sendt, så er det endt)
som et Par Handsker, der er brugt.

Mit Hjærte, for sin Dårskab lægt,
har set sig selv i Deres Spejl
så øde, selvisk og defekt.

Riv Blomsterne af Håret, Pus,
Datter af Kain, kun Kærlighed
skjuler vort Livs antike Smuds.

Trøst

Vide er den Himmel strakt,
som os alle overhvælver.
Aldrig ene, Kvinde, er den Magt,
som der i en enkelt skælver.

Blev dit Blik den lille Glød,
Kvinde — hvoraf jeg forbrænder,
råder du dog ikke Liv og Død.
Jeg er hellig og i Gudens Hænder.

Thi alene findes ingen Magt.
Om dit Væsens stolte Spejl du bryder,
du er mere end din egen Magt,
og min Trøst er *Det*, som du betyder.

Ødsler du den Skat, du fik,
jeg kan tie, tabe, tåle,
bruger du dit rige Blik
mindre til at se end til at stråle —

Der er mere Evighed,
end vi ser med kolde Øjne.
Og der er en større Evighed
end at briste for to Stråleøjne.

Frokosthvil

Til en Trøsterinde

Når Natten er forbi, og Vejen
er hvid og fin, med Fuglesang i Løvet,
ved ingen mer, hvor mange Roser
og Kys der blev bag disse Grene røvet.
Men her er Blomster trådt i Støvet.

Ak, Eneboerske i Skoven!
nu bringer Dagen Dugg til alle Sjæle.
Und mig som Gunst i denne Morgen
en Blomst af dem, De lod så mange stjæle
og trampe på i Nat med Røverhæle.

Min vakre Frøken, De må vide:
jeg er en Grublersjæl, der ædru tænker
så ømt som andre kun i Mørke
og vågen uden alle Rænker
kan takke høflig den, der for mig skænker.

Stævnemødet

Den lillebitte Viser,
som passer Sekundernes Gang,
     rundt om det selvsamme Midtpunkt
har kredset Dagen lang.
Så kredser vi om vort Hjærte,
     og Dagen synes os lang.

Den lillebitte Viser
går med elastiske Skridt
     afmålt, som vilde den sige:
"Det hele er egenlig mit!"
— Mon nogen tør forstyrre
     en Mand, der passer sit? —

Det var, da Stueuret
slog sex med Kling og Klang,
     at Dørklokken i Korridoren
pludselig kimed og sang:
du kom og fyldte en Time
     for stedse med Smil og Sang.

Det var en strålende Sommer-
Eftermiddag Klokken sex.
     Med spændstige Fødder kommer
til Huse mit Hjærtes Hex.
Minutterne løber og løber,
     men Hjærtet stod stille ved sex.
     Den mindste Viser på Uret
er Urets vigtigste Mand:

han har den Feltherre-Iver,
hvorpå det kommer an,
og spotter den lange Visers
    søvnige Timeforstand.

Den lange Viser peger,
når Uret højtidelig står.
    Den lille mindste lader
som intet og går og går
og lægger som en Høstmand
    de gyldne Timer på Skår.

Og da du forlod min Bolig
ved Aften med Kling og Klang,
    da havde en flittig Frier
om dig sin kredsende Gang,
fanged dig Feltherre-rolig,
    så du til Altret sprang. — —

Det er, som alle de Ure,
der løber i denne Stad
    og sørger for Timernes Ende,
vil lægge mig for Had.
Og hvor? hvor er den henne,
    den Vin, som gjorde mig glad?

IV

Et Rimbrev

Til Herman Bang

I

Kan De huske den Dag i Paris
        i Platanernes Skygge,
da jeg hævded på Trods: "Der er Mænd,
        som kan undvære Lykke —"

Og De svared: "— men andre, som dør
        blot af Mangel på Lykke."

Jeg var ung, jeg jog Sorgerne bort
        med et Smil fra min Nærhed,
og jeg fandt i det dæmpede Svar
        Deres "velkendte Særhed".

Skønt jeg følte alt da — trods min Tryghed
        som Hjemmefødning —
på Grund af forskellig Slags Modgang
        en indre Forblødning.

II

Jeg var ung, indrulleret for nys
        mellem Fremtids-Soldaterne,
og hvis et eller andet slog fejl,
        jeg *fortav* Resultaterne.

Jeg betragted mit Land som et Sol-Land,
        hvis Sag man forsvarer
omtrent som en rasende Roland:
        med lange Fanfarer.

Og det gjaldt om at værge sin Ret
                imod Livs-Forménerne,
for de myldrer, de myldrer så morderisk
                tæt — Saracenerne.

Men jeg følte, hvad få fik at se,
                som en "indre Forblødning",
og jeg ofred i Stilhed på Livs-Vævets
                Stopning og Bødning.

III

Ak jeg aned som ung, da jeg prænted
                en Højsang til Livet,
at jeg førte en Sag, hvis Fortabelse
                forud var givet ...

Og med Briller på Næsen beså mig
                en undrende Dommer,
som alt havde Kendelsen gemt
                i de lurvede Lommer.

Jeg fornam som en Skælven, der gik mig
                fra Foden til Issen,
ved at se, hvordan Livslykkens Kim
                blev forkrøblet og vissen

og derhjemme kun fødte en Frugt,
                der var tornet og pigget,
men sjælden til Menneskers Fryd
                og Husvalelse skikket.

Og hver Drøm, som vil åbne
          de bævende Hjærteblade,
fandt Kvinder, der ej kunde elske,
          og Mænd, hvis Bedrift var at skade.

IV

Der er dem, som når Døren slås i,
          sætter Foden i Sprækken,
og andre, hvis Håb slukkes ud
          som en Flamme af Trækken.

Hvorfor skjule en Sandhed, jeg længer
          ej gider besmykke:
"Der er Væsner — de bedste — der dør
          blot af Mangel på Lykke."

Det er højbårne, gavmilde Trær,
          der kun trives besværligt
i den Nedbør, som evig behersker
          vort umilde Vejrligt.

... Der er mindre og hårdføre Væxter,
          der bøjer sig næsten
til Jorden, af Lyst til at brydes
          med Kulden og Blæsten.

Og de styrkes af Dysten — de strittende,
          knubbede Tjørne,
og de gror uden Sommer og Røgt
          i et vindåbent Hjørne.

Ja, de hævder sig Plads, mens de festlige
                    Løvtræers Krone,
når Lykken forlader dem, suser
                    med sørgende Tone.

Og man tænker: Naturen er arm,
                    den har været for ødsel,
og derfor skal Højskovens Løv
                    gives Tjørne til Gødsel.

(Skønt jeg tror, at Naturen, vor Moder,
                    er end mere ødsel.)
Og man ærer de hårdføre Tjørn:
                    — som de anspænder Senerne!

Men de vrimler, de vrimler, langt værre end før
                    — Saracenerne.

V

Der er genfødt iblandt os en Horde
                    af Ny-Saracener,
som værre end Kristenvandaler
                    os Livet formener
og i Frihedens Navn fornægter al
                    Skønhed og stener.

Saracenerne tror, at et Træs
                    overdådige Skygge
vil ej mer finde Plads, hvor det nye
                    Århundred skal bygge.

Og de tror, vi skal bo i et Land,
      hvor kun Tågerne vælder,
ej for Menneskelunger bestemt,
      men for Dyndfisk med Gæller.

Det er *Venner* — en Flok, fra hvis Blækhus
      Fortvivlelsen vælder.
De har Skoler med mange Elever
      og Skolepedeller.
(Og Blæk, kære Venner, er sort,
      når sit Blækhus man hælder.)

Det er Folk, som for Alvor har tænkt,
      at Naturen har sprængt sig,
som, for at få fuldbragt dens Værk,
      ydermer har forvrængt sig.

De har indset, der bliver ej Jord
      for de skønnere Væxter,
og en Fugl, som vil mættes, må synge
      de fattigste Texter;

der er ingen Retfærdighed til,
      hvis Natur er en anden
end den simple, der gælder for Handel,
      for Spil og for ... Fanden.

Man må huske, at to Gange to
      giver stadigvæk fire,
det er også et Slags Industri,
      det at spille på Lire.

Og når alt dog omsider er Tomhed,
    der skrives i Sandet,
er det ene Slags Ry — mellem Venner —
    så godt som det andet.

Der er Venner og Gøge, som dækker
    med Tingel og Tangel,
at de dyrker Kunst, som er død
    af en indvendig Mangel.

Der er fuldt af Vandaler fra Bogbodens
    Loft til dens Kælder,
så at selv ingen Roland vil redde
    sit Liv, om det gælder.

De har lært, det er usundt
    at tænke sig Fremtiden større.
Nej en Mand, der formoder det værste,
    har sit på det tørre.

VI

Det kan være, der spørges ej stort
    efter indre Forblødning
på Fremtidens Mark, hvor vi alle
    skal tjene som Gødning.

Det kan være, den ødsle Natur
    for at gøde sin Viden
må fælde sin Storskov
    og tænke på Vidjer for Tiden.

Det kan være, vi fører en Snak,
              som er lidet beskeden,
og vi helst skulde bygge os Hytter
              og opdyrke Heden.

Thi de små skal ej hjælpe de store
    at bygge Kasteller.
Men hvis noget er stort, må det tjene
              det små, hvor det gjælder.

Vi har hørt det af Talere,
              læst det i Vers og Noveller.
Men jeg ejer kun Ord til mit Værge
              ... man drager af Skeden,
den Slire, man har ... Og jeg fandt
              på et Fyndord forleden,

da jeg hilste i Landet den vrimlende
              svulmende Grøde,
der dækked mangfoldig hver Jordklump,
              som fordum lå øde —

da jeg bøjed mig glad for hvert Under,
              der meldte sin Fødsel ...

”Men jeg tror, at Naturen, vor Moder,
              er end mere ødsel.”

VII

Er det muligvis sandt, at Naturen
                har overanstrengt sig,
at den ældgamle Bank nu er sprængt,
                og Bankøren har hængt sig?
... ”Men Småkrav, dem får vi betalt”,
                har Vandalerne tænkt sig.

Det er sundt at fortvivle. Men sig mig,
                hvorfor ikke Livet
skulde give os alting så rigt,
                som det altid har givet?

skulde drage for Lyset det Livskim,
                vi higede efter,
skulde vække som før af vor Muld
                overdådige Kræfter?

Hvis et Tvivlerkomplot vil bestemme
                om Fremtidens Fødsel,
da har jeg et Ord: Det er godt,
                det er godt, I gi’r Gødsel.
Thi jeg tror, at Naturen, vor Moder,
                er end mere ødsel.

VIII

... Man blir træt af at prise sit Land
                og dets mange Produkter
og at hylde den snærpede Smag
                ved de piggede Frugter.

Jeg har set mig forlibt i de Bær,
                som var allermest røde,
og har dyrket de særegne Hjærter,
                man her lægger øde.

Men de Venner bli'r sjældne, hvis Hænder jeg
                længes at trykke
... de dør i det stræbsomme Danmark
                af Mangel på Lykke.

V

Borgfrøknen

Scener af et Nytårsspil ved et nyt Århundrede

PROLOGUS
BORGFRØKNEN
BORGHERREN, hendes Fader
SMEDEN, stum Person

PROLOGUS

Klingelingeling. Et nyt Århundred
har på Borgporten kimet og dundret.
Vågn nu op, alle I, som sove,
Mænd med Sko på og Heste med Hove.

Vågn nu op, alle Karle og Knægte.
Skynd Jer, Piger, at Kjolerne hægte.
Blus under Gryden og Davre-Øl kogt!
Det er Nytår, og ingen bør smægte.

Driv ej i Bryggers og døs ej i Kammer,
rap Jer ved Skorstenens knitrende Flammer!
Munter se til, at I kommer i Trit.
Livet har en glubende Appetit.

De tavse Mænd på de lange Bænke,
som endnu drømmende Panderne sænke,
som gaber endnu af Ubehag —
det er Nytår i Dag — for dem skal I skænke.

Den lille Kodreng, som skjult i Krogen
sidder med spillende Øjne vågen
og røber i Mørket sig kun ved sit Blik —
giv ham en Drik; han skal ha'e førend nogen.

Hvem vil ej stride og villig ase,
når Gryden koger, og Panderne brase?
Skænk til dem alle, så flittig I kan,
sin Næring kræver den stræbende Mand.

I, Køknets Kvinder med Armene nøgne,
der stræver de hellige Dage og søgne,
men selv er et Bagværk, som Gud en Dag
skabte al Verden til Velbehag —

frisk efter Ved må I springe og løbe!
Nu har vi nye Kugler at støbe
og friske Folk, der begærer sin Drik
så skoldende hed, som fra Ilden den gik.

Der flyver et nyt Århundred af Sted
med en ung og livsmodig Menneskehed.
Det nytter dig ikke, hvad om du har Sky
for det nye Århundred — vi er i det ny.

1. SCENE

(Sal i en gammel Borg. Borgfrøknen og Smeden. Den sidste, som
er stum Person, står med en mægtig Hammer og slår løs på Muren)

BORGFRØKNEN

Slå til, Smed! Slå til, Smed!
Om hele Borgen skal ramle derved.
Det var for dette, jeg kaldte dig hid;
du har jo Kræfter,
              og jeg skal betale din Flid.
Du ejer to Arme til Øjnenes Lyst,
den smidigste Ryg og de stærkeste Skuldre.
Lad Slagene buldre,
så Borgherren ikke får Fred.

Hun lytter

Jeg hører min Fader, jeg kender hans Fjed,
Smed, du er skøn!
Slå til, Smed.
Den lifligste Løn
skal erstatte din Møje og Sved.

2. SCENE

BORGHERREN

kommer ind fra Baggrunden

Hvad her for et Brag!
Min gamle Armbrøst faldt ned fra sin Knag.
Min Forfædre, Helte med rædsomme Navne,
de tror, det er Dommedag.
Hold inde! hold inde! I skræmmer jo bort
alle Slotstårnets Ugler og Ravne.

BORGFRØKNEN

Slå til, du Smed! Slå til! Slå til!
Det er for mit Øre som Klokkespil.
Pavse

Dog gå! Jeg vil melde min Fader et Ord.
Men vent i den østlige Korridor.
Smeden går

3. SCENE

BORGHERREN

Hvad driver du her for en skamløs Men,
som var jeg ej Herre til Borg og Len?
Du trækker her op fra hans Ambolt
den ringeste af mine Smede.
Men når jeg befaler dig Bryllup
med ham den rige Tor Bjørn,
du nægter at stande til rede!

BORGFRØKNEN

nynner

Skøn Adelus med blegen Kind
hun gik i Klæder hvide,
hun gik og drømte op under den Lind
om Smedens sorte Skødeskind.

BORGHERREN
Så lader vi kaste
den Stoddersvend ned
i Borgens dybeste Kælder
og lader dig baste
på Lemmer og Led
bag Klostrets Dør, før det kvælder.

BORGFRØKNEN
nynner

Hun gik og drømte, bleg om Kind,
om Smedens sorte Skødeskind.

BORGHERREN

Så ilde er du artet,
fordærvet, og blues ikke?
Jeg sendte dig nylig til Hove
i Håbet at se dig igen
trolovet med den bedste
af Rigets Adelsmænd.
Og du har nyttet Tiden,
du har med roligt Mod
forhånet selve Marsken,
som hidtil var mig god.
De Adelsmænd, som bejled,
håned du frækt og frit,
men red med Galninge Ridt
på vilde Heste, som stejled.
Da lod jeg Folkene skikke,
som førte med Magt dig af Sted
til mine Borge og Lunde ...

BORGFRØKNEN

at min Fordærvelse kunde
fuldbyrdes i Ensomhed!
Hun går hæftig frem og tilbage
Blandt disse Tårne og Mure
Gud ved, hvor mange Laster,
Skændsler og sorte Synder

der på de levende lure?
Den gamle Røverrede
er bygt i det fladeste Sumpland,
her findes kun Fæ på Jorden
og Fiske i Havet dernede,
kun Træerne i Skoven
og Plovtræl bag sin Oxe.
Som Dyr blandt disse Udyr
du lader din Datterlil voxe.

BORGHERREN

Hun boltred sig bedst i Skarnet ...

BORGFRØKNEN

Og du bebrejder Barnet,
at hendes Sind behøver
en Smed til Trøst, Papa!

Med stigende Stemme

Min Fader, Borgens Herre,
var selv i Ungdomsdage
en mægtig Viking og Røver.
Rejs ud med Eders Skibe,
Papa, og hent tilbage
fra fremmede Byer og Havne
(som fordum til egen Fryd
I hented en Last af Kvinder)
hent nogle stolte Svende
med Spændkraft i Arm og Fjed.
Men tål, at — til da — jeg fornøjer
min Sjæl med en ringe Smed.

BORGHERREN
med løftet Hånd
Fripostige Øgle,
som vover at skælde mig Røver.

BORGFRØKNEN
hidsig
Køb, stjæl eller røv,
men skaf mig, hvad jeg behøver.
Mellem Skæmt og Vrede
Du havde vist aldrig en Angerstund,
den Gang du røved for egen Mund.
Men nu skal Borgfrøknen søge
sit Selskab blandt Markens Fæ,
og hvis hun vil træde Dansen,
omfavne Skovens Træ.

BORGHERREN
Du kunde ved Hove fundet
en Ridder med Tugt og Takt.
BORGFRØKNEN
De Herrer ved Hove, min Fader,
de har min fulde Foragt.
Før kysser jeg Oxemulen
og kryster de stumme Skove.
Nu er det hele sagt.
Frem og tilbage
Jeg hader de Adelsherrer
ved Hove, med Fjær og med Slire,
nogle er skabt til at sire,
de bedste var skabt til at svire.

Jeg beder mig skånet for dem;
men hvad mit Hjærte behøver,
det er en ordenlig Røver.

BORGHERREN

Jeg stopper en Knevl i din Mund,
som tæmmer din Trods og din Tunge.

BORGFRØKNEN

I er en Ravn, Hr. Fader,
og jeg er Ravnens Unge.
Og jeg skulde danse for Altret
nu med den rige Tor,
der dimled af Drik i Fjor?
... dække min Faders Forskrivning
til Marsken og rede hans Gæld,
skaffe en Guldklump til Ravnen
og selv i Bjørnefavnen
lade mig ærgre ihjæl?
Det siger jeg, Hr. Fader,
betal selv Eders Gæld!

BORGHERREN

Den tvinges med Bånd og med Svøber,
som ikke vil lytte til Ord.
På Timen nu skikker jeg Løber
med Bud til den rige Tor,
at du vil holde Bryllup
og dele hans Seng og Bord.
Vil gå

BORGFRØKNEN

Så hør et andet Ord
og skik det med samme Løber,
at førend den rige Tor
skal blive min heldige Køber,
skal denne sorte Smed,
endskønt af trælbåren Æt,
blive til Borg-Jomfruens
natlige Leje stedt.
Man kan ej danse med Træ,
man kan ikke tale med Fæ.
Jeg red mig ned til Smedjen,
som ligger i Lundens Læ.
Min Hest havde tabt sin Sko,
jeg råbte på Smeden og lo:
Kom ud, du Svend med dit Skødeskind,
her står en Jomfru så fro.
Jeg tren i det sorte Rum,
hvor Gløderne blusser så røde,
og fryded mit Sind ved det Møde,
imens jeg lod Hesten sko.
Jeg hørte det Gny og Bulder,
jeg så på hans Arm og Skulder ...
Nynner

Siden red jeg i Klæder hvide
og drømte op under den Lind
(alle mine Tanker de blev så blide)
om Smedens sorte Skødeskind.

BORGHERREN

Jeg lader dig låse inde.
Ud til højre

BORGFRØKNEN

Og jeg vil kalde på Smeden,
han skal i Borgfrøknens Hjærte
en Dør vidt åben finde.
Ud

4. SCENE

(Borgfrøknen kommer tilbage med Smeden)

BORGFRØKNEN

Du sorte Smedesvend,
hør, hvad den nådige Frøken
i sine hvide Klæder
dig allernådigst befaler.
Jeg elsker din Styrke, Bonde!
Giv Kælenavn mig!
Læg bort din Hammer,
kom hid og favn mig!

SMEDEN

tøver

BORGFRØKNEN

Kom, kryst mig, Smed!
Du står og nøler.
Ja du er sodet, jeg er hvid.
Du dumme Smedesvend, kom hid.

SMEDEN

nærmer sig, men bliver stående og ler forlegent

BORGFRØKNEN
Du er en Nar, Smed.
Med dine Arme
og dine stærke Hammerslag
har du forhekset mig.
Se, jeg er svag!
Jeg søger ved din Esse Varme ...
Ja, jeg er hvid, og du er sort...
Jeg elsker dig, fordi du er så sort.
SMEDEN
frem mod hende, kejtet

BORGFRØKNEN

Et Favntag, Bonde, Dåre, Nar!
Du skal endnu i Dag beværtes
med alt det bedste, Borgen har,
og jeg forlanger kun at sværtes.
Betragt mig som en anden Pige,
og gør mig sort, så er vi lige.

SMEDEN
forsøger på ny

BORGFRØKNEN

Det duer ikke, tag igen
din Hammer og dit Smedetøj,
som jeg har set dig rank og høj.
Du er mit Hjærtes rette Smed,
hug Muren ned!

SMEDEN
hamrer løs på Muren

BORGFRØKNEN

Ja det er ret.
Ja kan du sådan svinge
en Hammer mod den døde Mur,
så kan du, Smed, vel også tvinge
en stridig Frøkens fjendske Lyst
med Magt til Hvile ved dit Bryst?
Slå til i alle Helgens Navn!
Så læg dit Værktøj, kom og favn!

SMEDEN
løber til for at favne hende

BORGFRØKNEN
Det er gudsjammerligt.
Her tag din Løn, Smed!
Slår ham på Ørene
kan du ej kryste mig,
slår ham
når jeg er skøn, Smed!
slår ham

5. SCENE

(Borgfrøknen, Smeden, Borgherren,
som kommer ind, fulgt af to Tjenere)

BORGHERREN

Nu tror jeg, den nådig Frøken

kan spare sig alle Kneb.
Kom, knyt om hendes Håndled
et Par forsvarlige Reb!
Nu ægter du Bjørnen ... hvad eller ...

BORGFRØKNEN
har revet Hamren fra Smeden for at forsvare sig

Min Fader, gå Jeres Vej.
Til Tjenerne

Kast Smeden i Borgens Kælder,
den Smed, som ej favnede mig.
Da Smeden gestikulerer og vil forklare
Han er en Praler. Hans Øjne løj.
Nå bind ham, Karle og spar os for Støj!
Tjenerne binder Smeden
Smid ham i Kælderen!
— fordi han løj.
Hidsig

Læg ham i Bolt og Jærn, fordi han løj!

(De øvrige Scener af denne Improvisation ikke fuldendte
— af Mangel på Tro)

VI

Afrodites Dampe

— O Venus, holdes,
schönes Weib, Ihr seid
eine Teufelinne.

I

Det er koldt i Rom. En skarp
        og lysfyldt Morgen.
Mellem gulgrå Masser rødmer
        Engelsborgen.

På St. Peters Plads de store
        Springvand bruse
af den Ånd, som mellem Søjler
        har til Huse.

Vejen bag om Peterskirke-
        Fundamentet
ligger mellem udsøgt Murværk
        gejstlig præntet.

Og ved Vejens Ende viser
        os en Svejtser
op til Toppen øverst, hvor
        Musæet knejser.

... For at mildne Luftens Råhed,
        som os møder,
findes på et Ildfad udbredt
        nogle Gløder.

II

Først på Tærsklen til de mange
        Sales Suite
står der af Praxiteles en
        Afrodite —

Kvinde i hvert Livs-Atom,
                        hvorhen hun vender,
allermest i de lidt store
                        vage Hænder.

Hun er rig og god. Slet ingen
                        Rænker bagved!
Det er Kvindens største Styrke:
                        hendes Svaghed.

Vi har tro't på slige Hænder
                        altfor gerne.
Men Gudinden har en løs og
                        glemsom Hjerne.

Hendes Tanker, af for mange
                        Flammer svækket,
svirrer som en Legemølle
                        helst i Trækket.

Vid, du ejer hendes Hjærte,
                        Sjælen, Ånden,
hvis hun rækker sine Håndled,
                        Armen, Hånden.

Dine Spørgsmål: hvad hun tænker,
                        spar dem, spar dem!
"Du skal kysse mine Hænder,
                        hvis du har dem."

Kommer du med stærke Luer,
                er det herligt,
selv om du for andre Fruer
                gløder kærligt.

Thi hun elsker Ilden hos dig,
                men hun rammer
med sin Hån den lede Troskab
                uden Flammer.

III

Vore Ord om Venus strømmer
                som en Sluse,
mens vi glemmer, at ej langt fra
                sad en Muse,

sad en Muse af den åndig-
                skønne Retning:
opsat Hår og fodsid Kjole
                med Besætning.

Denne unge, ranke Muse
                var forskønnet
ved den Foldekastets Fylde,
                hvormed Kønnet

ikke netop over i'et
                sætter Prikken,
men, ved Tankestreg, forlænger
                Symboliken.

Thi mens Klædebonnet hendes
              Legem aver,
skjuler det, men vækker Tro på
              skjulte Gaver.

Med lidt stilfuldt Blændværk vil hun
              os forblinde.
Er hun mere eller mindre
              end en Kvinde?

Hendes Hår er dybt som dunkle
              Forårsskove,
hvor vi sås en Gang — jeg tror:
              ved Sjølunds Vove.

Hun served Te for hele
              Kunstkritiken.
Ak jeg vidste ej, hun stammed
              fra Antiken.

IV

Men nu stormes Salen rask
              af andre Muser,
som bær Handsker, Hat og Spænder,
              Slag og Bluser.

De har Fødder, og de skrider
              gennem Salen.
De fordunkler Guderne på
              Piedestalen,

som kan stå i tusind År
            med nøgne Lænder,
men ej blusser af den Livsild,
            som forbrænder.

Jeg vil fly til andre Sale,
            længselsdragen
af Penélope — den blide —
            Ægtemagen.

... Men hvem ser jeg? — velbestøvlet
            uden Flitter,
Artemis, imens hun gennem
            Krattet skridter

og, mens Blikket følger Pilen,
            som hun sender,
endnu bøjer sig lidt sejgt
            i sine Lænder.

Hendes Knæ og Haser — skilt på
            Jæger-Måde —
røber os en Kraft og Kyskhed
            uden Nåde.

Denne Jomfrutrods er Skæbnens
            Pil, der sendes,
Nåden er så tit det værste,
            som kan hændes.

V

For at mildne Luftens Råhed,
         som mig møder,
findes på et Ildfad udbredt
         nogle Gløder.

Blot en Håndfuld Ild — der suger
         Fugt af Rummet,
hvor i Sten den stolte Oldtid
         er forstummet.

Intet Fyrsted! kun en flygtig
         Drøm om Varme,
men den tænder alle disse
         Gudebarme.

Det er ej ved lune Ovne,
         kælne Puder,
man skal se et Kuld af ranke
         nøgne Guder.

Isner du ved kolde Nymfer
         og Tritoner? ...
Slig en Håndfuld Gløder varmed
         Roms Neroner.

Tyve Vintre uden Frysen,
         uden Bæven,
med en Ildskål sad Penélope
         ved Væven.

Mer lod ikke Hera på sit
                    Fyrfad fyre,
når Apollon højt for Guder
                    slog sin Lyre.

Stærke Ånder vækkes, blanke
                    Bækner skingre.
Yndighedsgudinden tøer
                    de frosne Fingre.

Selv Olymperskarens Herre
                    Zeus med Lynet
smiler, mild af Dampen,
                    glatter Brynet.

Et Par slige Kul har stemt
                    Horatses Toner?
og var nok for Tiberstadens
                    utro Koner?

Og Tribunens Røst er ikke
                    længer valen,
skønt der falder Sne på Højen
                    og i Dalen.

Her har Cæsar, — stor i Love
                    som i Krige —
ved en Håndfuld Gløder skabt et
                    Verdensrige ...

VI

Var det svage Mænd, som disse
                Guder dyrke,
så har deres Blødhed ikke
                manglet Styrke.

Aldrig vil de nøgne Guder
                sig forbarme,
hvis vi ikke ejer selv en
                Håndfuld Varme,

hvis vi kommer tryglende med
                tomme Hænder,
uden Offer for at have
                dem til Venner.

De er kolde, de er friske,
                de er stærke,
og vor Higen, vore Kræfter
                vil de mærke,

før de fører os til Slag
                på ranke Skuder,
der, hvor Livet er en Kamp
                imellem Guder.

VII

Blot en Håndfuld Ild, der suger
                Fugt af Rummet,
hvor i Sten den stolte Oldtid
                er forstummet!

Og vi kalder slige Guder
                lystne, dovne?
— vi fra Nord, der kun er lystne
                efter Ovne.

For at være livsudrustet,
                stærk tilfulde,
skal man kunde døje Hede,
                modstå Kulde;

man skal kunne bære Skæbnen,
                elske Sorgen;
det var tragisk Pligt i hine
                Guders Morgen.

Selv om alting brister, er der
                Trøst at øse —
i Tragedien, hos *de store
                trøstesløse.*

... Er jeg kommen uden Ånd og
                uden Lampe?
Dette Fyrfads Røg er
                Afrodites Dampe.

VIII

Noget drager mig mod
                Afrodites Støtte
den lidt tomme Sten, som ingen
                dog kan flytte.

Hun var givet til den halte
                    Gud for Fliden,
men hun tog en mere dristig
                    Elsker siden.

Det er Oldtids-Sangen,
                    hele Dityramben:
denne Dejlighedens Elskovs-
                    Færd med Kampen.

Hun er flygtig, men hun kårer
                    kun en Heros;
hun har Ares kær, fra da hun
                    fødte Eros.

Selv Penélope, — den blide,
                    Ægtemagen —
er af Æventyr og mandig
                    Dåd betagen,

hun, som elskede Odysseus
                    — Modet, Snillet —
holdt hans Arne tændt, hvor langt han
                    sig forvilded.

Hun har næsten noget af
                    Madonnas Ynde,
kristent Tålmod bænket på en
                    hedensk Hynde.

Men hun er en Genglans kun af
              Afrodite,
som blev født på Havet i
              Alverdens Midte.

Større Helteløn kan Helten
              ikke finde.
... Men hun er jo Ægtehustru,
              ej Gudinde.

IX

Afrodites Smil bestråler
              Jordens Øde,
lover endnu kække Mænd et
              hedensk Møde,

når Terpsikore ej evner
              mer at styre
Korets Danse med en vædderhornet
              Lyre —

når den lyse Pallas tier
              for at læse,
når den store Pan er færdig
              med at blæse —

når den sidste gyldne Pauke
              er forstummet,
og Urania er vendt mod
              Himmelrummet.

Afrodite har sit egen Vid
                trods nogen,
mens den meste Visdom bliver
                grå som Tågen.

Ofte blev hun smædet som en
                utæt Hjærne,
Glemsomhedens Ånd er hendes
                Lykkestjærne.

Sjælden ærer hun, hvad alle
                højlydt agter,
ler ad Ryets Larm som ad
                de stille Magter,

smiler ganske blidt, som om hun
                vidste bedre,
når hun bliver vár de Tosser,
                vi må hædre.

Den, hun rækker sine Håndled,
                Armen, Hånden,
rækker hun fra skjulte Kilder
                Visdomsånden.

Afrodites Vid er brudt i
                tusend Stråler
som en fyrig Vin i Skæmtens
                skønne Skåler.

Afrodites Vid er Solrus
   over Landet.
Thi hun ser kun ét og ler ad
   alt det andet.

Den skal være skøn som Livet,
   stærk som Døden,
som skal vække Afrodites
   dybe Gløden.

Tit ved Gæstebudet sad hun
   bortvendt-spydig
imod dem, som var de andres
   Love lydig.

Deres Hjærnespind — som fine
   Silkelidser —
vikled hun på Dril om sine
   Fingerspidser.

Men når Ares' Fodtrin runger,
   som de plejed,
har den gyldne Frue ikke
   langt til Lejet.

Nogle Gløder oser i et
   Varmebækken.
Nogle Døre bliver stængt for
   Vintertrækken.

Og når Kløgten vågner, som vort
                    Dagslys skjuler,
Afrodites Hår er fuldt af
                            Visdomsugler.

X

Det er Oldtidssangen,
              hele Dityramben,
denne Dejlighedens Bryllups-
              Fest med Kampen.

VII

Hos Hexen i Endor

Jeg gik til en Hex, den Gang Mørket faldt på,
til Hexen i Endor. Der lod jeg mig spå.
        Hun boede et Steds i en Gyde.
        Hun kogte Sejd i en Gryde.

Hun bød mig vakkert en lædskende Skål.
Hun knælte og spejded med Iver sit Bål.
        Hun råbte: ”Kong Saul, du er slagen,
        jeg ser det så klart som Dagen!”

Hun gentog med Magt: ”Det er ude med Saul!”
— ”Ak, Israel er opfyldt af Kryb og Kravl,
        jeg ved det, Hex, jeg må vige,
        men hvad vil der ske med mit Rige?

Og, Hex, når jeg slutter mit plagsomme Liv,
hvordan skal det gå med min Ægteviv?
Og, vakre Hex, kan du sige,
om en Søn skal arve mit Rige?” —

”Kong Saul, det er ude med dig og dit Hus.
Din Kongeborg skal de styrte i Grus.
        En Ven skal trøste din Kone.
        Og den lille David skal arve din Trone.”

— ”Den lille David, den Harpedreng?
        ... Den lille David ... hvad Pokker!

Hør Hex, jeg er søvnig, red mig en Seng
       i dine udslagne Lokker!

Den lille David får Arbejde nok
med Folk og med Kone og Børneflok.
       Men hvis man til Konge er kaldet,
       er man Konge også i Faldet.

Der raser et Uvejr om Husets Gavl.
Hvad nævnte du David? — Her trøster sig Saul
       hos Endors gentileste Hexe.
       Lad David med Jøderne exe!

Den faldne Storhed, hvis Tid er forbi,
den nyder hos Hexen, hvem Ånder står bi,
en Hyldest, som Tronens Tyranner ej får
       eller den lille David ...”

Visen om Himperigimpe

Der var en Prins. Og der var en Gang
en Vise om Himperigimpe,
om en gammel Himpe, en gammel Gimpe,
en ældgammel Himperigimpe.
Men Ordet har ingen Klang,
og Visen er temmelig lang.

De ypperste Ånder i Landet
skulde lære vor Prins et og andet,
som Kongesønner må lære.
Snart kunde han skelne med Ære
i Rektanglet Hypotenus'en
og en Hest fra en Hestepære.
Han fægted, han pløjede Jus'en
og måtte hos Hofpræsten dyrke
sin sædelige Styrke ...

Men Kongens Løjtnanter havde Forlov
at lære ham det, der er Sjov.
Og de lærte Prinsen en Vise,
hvis Omkvæd gjorde ham flov,
ja bragte ham rent til Forstening.
Han vidste jo ikke, at som der er Savn,
for hvilke man hverken har Ord eller Navn,
er der, omvendt, Ord uden Mening.
Han troede, de anså ham selv for en Himpe,
for en *Gimpe*,
for en *Himperigimpe.*

Det gik jo dog ikke, at Prinsen var dum.
Så tog en Dame ved Dronningens Hof
sig for at lære ham alt i en Sum
— at tænde et Lys, i hvis Brydning
det hele fik en Betydning.

Hun lærte ham Kyssenes Smærte
og Favntagets Balsam. Til sidst
(hun var et poetisk Hjærte)
skrev hun med Lune og List:

"Min Prins er hvid og er rød,
hans Ånde er fin som Lavendler,
men Prinsen er nu til sin Død
fanget i Hofdamens Bændler."

Men Vers gjorde Prinsen koldblodig,
fordi hun jo ikke en Gang
havde tydet den tvivlsomme Sang.

"Jeg lader dit Mundelæ'r rimpe,
jeg lader dit Mundelæ'r sy
og kysser i Morgen en ny,
du gamle Himpe, du gamle Gimpe,
du ældgamle Himperigimpe."

Hun svared ham uden en Klage:
"Min Prins vil komme tilbage
til den gamle Himperigimpe."

Det hænder så tit, at en Glose,
som egenlig mangled Forklaring,

blir stærk som en Åbenbaring.
Da Livsproblemet er rasende tungt,
det gælder at finde et Udgangspunkt.

Den klogeste tør ej bevise,
at 2 Gange 3 giver 6,
og møder, hvorhen han sig vender,
det Ukendte, som kaldes X
— da hjælper en rask lille Vise,
som gør det til noget, man kender.

Og da vor Prins havde lært den en Gang,
så var nu den eneste Vise, han sang:
"en gammel Himpe, en gammel Gimpe,
en ældgammel Himperigimpe."
Og vilde man komme og lære ham nyt,
så sang han og indlod sig ej på Dispyt.
Nu sagde han Gimpe om Jus'en
og Himpe om Hypotenus'en.

Og Prinsen drog med Marinen på Tog,
de sydlandske Skønheder gjorde ham glad.
Og Taler ham hilste på fremmede Sprog
med Tidsrummets fineste Videnskab i
og Vers med al Nutidens ny Poesi.
Han takked for Blomster, han takked for Mad.
Men aldrig var han så sejrrig og stor,
som når han forklared de Gutter om Bord —

      "Det var jo bare en Himpe,
         sådan en Gimpe,
en ældgammel Himperigimpe."

Og hvor han end var, i den stolteste Stad,
med Længsel i Sejlet tilbage han foer
til det ældgamle Hus, hvor en Hofdame sad,
der godt kunde været hans Moer.
Hvad sang han for Viser? Han kvad:
"En gammel Himpe, en gammel Gimpe" etc.
et cetera!

Man så med Bekymring, han arted sig vildt,
og alt, hvad man kostede på ham, var spildt.
Han lærte den Sang til sin Broder,
til sin Søster, sin høje Moder.
Ja gift med en dejlig og sprænglærd Prinsesse
han ventede knapt, til et År var ude,
så kom han til Hofdamens Hovedpude
og sagde, at Hustruens Lærdom jo blot
var det Himperigimpe, han kendte så godt.

Og da han blev gammel, slog Vildskaben ud.
Han trodsed som Konge mod Grundlovens Bud.
Han spurgte sin Ven, sin Minister,
som stod ved Statens Ror,
hvad Grundloven var? — "Ak, Sire,
det er et usømmeligt Ord!"

Da lo Majestæten: — "En Himpe!
så er det en gammel Gimpe,
en ældgammel Himperigimpe!"

* * *

Hurra for Himpe og Gimpe,
Hurra for Himperigimpe!

Vi bryder os ikke Spor
om anden Visdom på Jord.
Man lærte os alle så meget,
vi senere smed over Bord,
og mange synes, at Livet
er halvt et usømmeligt Ord.
Nu lad os da synge i Kor;
thi denne Prins, det er du, det er jeg,
som følger, trods bedre Belæring,
dæmonisk vor skæve Vej.

Da Kongen lå på sit sidste,
og Præsterne bad og besvor,
han røbed forbavset sin tilvante
Mening om Himmel og Jord:
      "Det hele er bare en Himpe,
      det hele er vel en Gimpe,
en ældgammel Himperigimpe ..."

Havnestad

Nu fråder Vandene, og Bølgetumlen
fylder den lille gamle Søstads Gader,
der står med dunkle Ruder, grå Façader
som Børn og lytter med en bange Skumlen.

Tusmørket falder på. Og Blæsten blader
i Linden; ved en Husgavl slingrer Humlen.
Mens Skummet kysser Skum i stride Rader,
fra Løvet lyder knapt en dæmpet Mumlen.

Skum kysser Skum. Mit Blod kan også skumme.
Jeg søger Havn i en af disse Slipper.
Luk Døren op for Knejper og for Kipper!

Jeg finder Pigebørn og Kortspil dumme.
Men jeg vil tale ved en ærlig Kumme
om Langfart som en helbefaren Skipper.

Pigen fra Cadix

Jeg hærged din Stad med ungdommeligt Mod,
da midt i det vilde Solskin du stod,
men Kjolen var mørk af det strengeste Blå.
Jeg grebes af Alvor, da ret jeg så'
     Pigen fra Cadix.

Jeg plyndrede Cadix, din Fædrenestad,
skænded dens Templer med Ynglingehad.
Som Tyrefægter i Cirkus jeg stod
og vaded hver Aften i Oxernes Blod —
     Cadix, o Cadix!

Dog var der et stortærnet Broderi,
som dine Fingre var Mester i.
Det vandt mit Fribytterhjærtes Behag
at elskes af sådan en stormønstret Smag,
     Pige fra Cadix!

Fra dine Øjne, som elskelig lo,
til dine Skridt i de lette Sko,
en skrøbelig Kvinde, men stor i hver Fold,
og ingen skal sige, at du var kold,
     Pige fra Cadix!

Fordærvede Stad! Som i Oldtidens By'r
tilbad man Stude og alle Slags Dyr
og logred med Menneskeofre og Kræs
for Ypperstepræstens Firskillingsfjæs.
     Fordærvede Cadix!

Jeg ler endnu ad min raske Dom,
da denne Kapun mig i Vejen kom.
Jeg stak i hans flommede Bug min Dolk!
— "Jorden er ikke for Fæ, men for Folk!
                    Min Hilsen til Cadix!"

Pige fra Cadix i Kjolen blå,
der tæt som et Kys til dit Legem lå!
Jeg kyssed så ofte, min Vej faldt forbi,
din fine Hånd og dit Broderi,
                    Pige fra Cadix!

Jeg kyssed din Hånd for hvert Silkesting,
jeg gav dig omsider en gylden Ring,
hægted dig fast med en Sølv-Agraf
og bad dig være for evigt min Straf,
                    Elskte fra Cadix!

Men Krigen for Krigens egen Plasér!
Man kan jo ej blive, hvor Pigerne ler.
Man ønsker at kæmpe i større Rum
mod federe Tyre med dybere Brum
                    end nogen i Cadix.

Jeg lå ved Jævndøgn og vented på Bør,
mens Havnen myldred af skumslagne Søer.
Om Børen var sløj, eller Børen var god,
jeg kyssede dig ved Ebbe og Flod — — —

Til En

I Gyngestolen i det lyse Hus
sidder den allerfejreste og vugger.
Man hører Gængens Lyd og Kjolens Brus
og Åndedrættet, når hun muntert sukker.
I Gyngestolen i det lyse Hus
den unge milde Frue muntert vugger.

Let bølger Stoffet om den Skønnes Knæ;
hun smiler med en fin og trodsig Hage,
som sad hun under Livets gyldne Træ
i Mildhed bænket nu og alle Dage.
Let bølger Stoffet om den Skønnes Knæ,
og ganske tyst de lette Gænger klage.

I hendes Øjne læser jeg min Gunst,
de smægter med en Smule bleget Flamme,
men flammer dog — som kan hun denne Kunst:
at være festlig, altid dog den samme.
Der sidder hun og gynger — uden Kunst,
bestandig frydefuld og dog den samme.

Hun hører til den lykkelige Slægt,
hvis Ånde stiger frit, hvis Fod ej tynger
... Da kommer mine Djævlerier frækt
og til den smilende en Byrde slynger.
Dog mister hun ej Hjærtets Ligevægt,
kun stærkere på samme Sted hun gynger.

Let bølger Stoffet om den Huldes Knæ,
og ganske tyst de lette Gænger klage,
som sad hun under Livets gyldne Træ
i Sejer bænket nu og alle Dage ...

Sorte Blomst

Jeg kom som ung til den store Stad,
hvor Larmen og Kvinderne gjorde mig glad.
Jeg boede i Værtshuset "Bondens Bekomst"
og elsked en Fe, som hed "Sorte Blomst".
Hetærens Bryst var den stejle Bro,
hvorover mit Hjærte fuldtonende lo.
Hendes røde Mund, der var trang og smal,
af Latter klang for hvert Syndefald.
Hun lo ad Vorherre selv og hans Kors
og vendte Præsten sin Bag som et Hors.

Jeg boede i Værtshuset Bondens Bekomst
og elsked en Fe, som hed Sorte Blomst.
Den Rædsel, der volder så mange Fortræd,
den gjorde mig ikke det mindste ræd.
Jeg syntes, at Byen var herlig og stor,
og Sorte Blomst stod hver Aften i Flor.
Hendes Sjæl var stum som de Dødes Port;
intet Kulstøv er mere sort.

Hendes Blod var vildt som den solviltre Dag,
Letsind og Flammer, Ild og Bedrag.
Kul hendes Øje og Kul hendes Skød,
men hendes Attrå var Nellike-rød.

To Junkere tjente ved ét Regiment,
som Sorte Blomst gennem mig har kendt,

den ene, en Fændrik, men halv Teolog,
som sukked for Blomst i det snurrigste Sprog.
Hun lo ad hans Præk: "Du kan hente din Løn,
når Sorte Blomst beder Aftenbøn!"
Hun sparked ham fra sig: han kom kun igen
mer værdig ...
                          Han havde en Galning til Ven,
som blæste Kornet, og som løb mig på tværs,
thi Blomst kunde lide hans Løjer og Vers.
Han brugte et Mundheld, den pralende Hund:
"Man kan ikke blæse med Mel i sin Mund."
Og skønt han selv havde Kærest og Mor,
vil han elskes af Blomst og betale med Ord.
Og siden gik han og klynkede til: —
at Blomst havde sat hans Sundhed på Spil,
og skabed sig lyrisk og tragisk, den Nar,
for en Sot, som det halve Neapel har.

Hans Mo'er havde Gårde og Gods, blev jeg vaer!
hun ejede Møller ... men kneb på Moneten.
Jeg drilled ham: "Per, De har Mel i Trompeten."

Kulsukker hedder en Urt, som gror
på ensomme Pletter i Forstadsjord.
Kulsukker gror ved en fjærnere Kro
i Forstadens Udkant. Der søgte vi Ro,
når Byen en Søndag var død overalt
med Sol på Asfalt og Sol på Asfalt.
Jeg smykked Hetæren til Elskovskamp
med Navne som "Kulsukker", "Fluesvamp".

Nu skal jeg fortælle Dem rent uden Spring
en Strid, som kom over Ingenting,
blev yppet en Søndag for Tidsfordriv
og endte før Aften den Møllersøns Liv.

Man kan ikke elske og være sund,
man kan ikke blæse med Mel i sin Mund.
... Og havde han Kærest og Mo'er, som han sa'e,
så kunde den Fændrik vel holde sig fra!

Vi sad omkring Kroværtens Suppeterrin
med Blomst bag det solede Rullegardin.
Og Teologen han vrøvled om Sjæl,
til Sorte Blomst var så døv som en Fjæl.
Da fik jeg Blomst til at indkræve Vin,
som Per skal betale til Pers Ruin.

Hvor krymped han sig, den vittige Per —
han havde slet ingen Rigdomme mer!
Han krængede Lommerne ud på sit Tøj
(jeg vidste så sikkert, at Pralhalsen løj.)
Men Skøgen, der elsked ham hidsig og hedt
og troede ham fattig, nu tav hun med ét.
Thi Per havde snydt — hendes Fændrik bedrog!
hun fandt i en lønlig Lomme en Bog
med Pakker af Sedler i Blåt, Gult og Grønt,
der gælder i Landet som kongelig Mønt.

Hun sagde: "Din Lykke, der var kun Papir,
der flyver den, Per, over Tage og Spir."

At plukke alle hans Sedler itu

og strø dem for Vinden ... det var kun et Nu.

Han stod, som han knap kunde tælle til tre:
"Nu får jeg ej mere min Kærest at se!
Jeg skulde giftes og købe Gård.
Nu bliver det ikke i mange År.
Her fik min fædrene Arv sin Bekomst.
Jeg vilde jo også ha'e Sorte Blomst."

Til Krostedet hørte en Rejsestald
med Prangere, Hovtramp og Piskeknald.
Det morede Blomst, når hun var der som Gæst.
Hun frygtede hverken for Mand eller Hest.
Der gik han i Stilhed, uden det sås,
og hængte sig op i den inderste Bås.

Men jeg gik til Værtshuset Bondens Bekomst
og spiste til Aften med Sorte Blomst.

Længsel efter Neapel

I Dag brænder jeg efter Neapel,
det brede, på Vulkaner fra umindelige Tider myldrende
og altid splinternye!
Dronninge-Søstaden i Pjalter,
hvor det hellige vilde Sollys er hverdags
som Skidenheden og Støvet,
den alle Rammer brydende Hverdag
i det uoverkommelige Neapel.

Jeg brænder efter Bølgeslaget og de travende Heste
og den lurvede Markedsgade ved Mørkets Frembrud,
hvor Pigen talte sit grove Fransk fra Algier,
og Arabere og Marokkanere i sjældne Dragter
tilbød endnu sjældnere Varer og Tjenester.
Jeg brænder efter disse Bølger og Bredder,
hvor Oldtid og Middelalder og Nutid
har elsket og æventyret,
har kriget og snigmyrdet og drevet Handel,
væltet i Tyranner og Blodbad,
der kun gjorde Jorden rigere på Mennesker.
Det ganske uoverkommelige Neapel!
— hvor den skønne Svælgen i helliglange Klæder
løser sit Hår og sine Blomster for den korte Lystighed,
hvor Gyderne har slimet Mørke til Knivstik og
Forbandelse.

hvor alle Violiner er falden i Rendestenene
for at have des højere Himmel at juble imod
    (de våde himmelfaldne Violiner)

men Rendestenene udspyr Fiskerprinsesser
og Tiggergydernes Kloakmund
eneste levende Vandliljer og Madonnaer.

    Å hvor strømmer de, færdes de
på det solbelagte brede Via Roma!
Helt oppe fra det store Musæum
og helt ned mod Havnen — denne statelige Hverdag!
Kaffehusene og Posilipo-Vinen
og Damen fra det nærliggende Salerno,
som skyllede op midt i Trængslen,
en Legemgørelse af Via Roma.

Og jeg brænder efter de mørke Kirker,
                    kryptagtige med Altre,
hvor bodfærdige, sortbeslørede Syndersker
knæler for Hellighedens Lys og hvide Roser
og søger umulig Skygge
                    i en halvhedensk Gudsdyrkelse.

            Og Damen fra Salerno
            — en eneste Solbølge
            i en sort Særk af Silke!

Nætter

I

Jeg hører, mens Frostnattens
        Måne driver,
en Lyd i det Fjærne
        af Lokomotiver,

de skifter Skinner
        og opkaster Flammer,
mens Månen fra Højden
        gør lyst i dit Kammer.

Der pranger i Natten
        langs Gader og Mure
en Lysglans fra Menneskers
        Huse og Skure.

Vinteren bider
        os Buler og Skrammer.
Vi svarer med sprukne
        Lamper og Flammer.

II

Den natlige By
        var et glædeløst Skue,
hvis Månen ej gjorde
        så lyst i din Stue.

Den vandrer der øverst
       så tavs og forbinder
mit Savn med al Verdens
       Iltog og Skinner.

Den Måne har set mig
       på Østersøs Færge.
Den Måne har fulgt mig
       i Sydtysklands Bjærge.

Hvorhen jeg end suste
       på alle de Mile,
sås Månen højt oppe
       samtidig ile.

Vi kom til Verona,
       da stod den derude
på Tå for at kigge
       igennem vor Rude.

Vi vågned en Nat
       nogle Mil før Milano,
da Toget med ét
       gik *piano-piano* —

og bag vore Ruder,
       der glimred forgrædte,
sås Måneskin på
       den lombardiske Slette.

Jeg glemte det ikke
        for senere Tanker,
hvor sælsomt lombardisk
        var Løvværk og Ranker.

Højsletten ligned
        et Kirkegårds-Øde
med Fabelblomster,
        der alle er døde.

III

Der strømmer herned
        fra den månerene
Luft som en Længsel
        imod det Ene.

En Enhed du søger
        på Torve, i Smøger,
i alle Kirker,
        i alle Bøger.

For den gad du stjæle
        dig Vej gennem Stene.
En Enhed jeg søger;
        hvad hedder det ene?

Et Bord for at mættes?
        en Ovn for at dovne?
Ak jeg har hvilt ved
        så mange Ovne!

Og jeg har drømt ved
          så herlige Barme,
men ønsked som Trolden
          blot titusind Arme.

Begærer jeg Magt da
          og Myndigheds Mine?
Ak Venner, jeg hører
          slet ikke til hine:

fordi jeg som Fyrste
          dog aldrig forliged
mig med, at en anden
          tog Naboriget!

Jeg elsked Berømmelsens
          Morgenrøde,
hvor Hjærtet blir ungt
          af det Lys, det skal føde,

men søgte en Styrke
          langt bedre end Ære, —
hvorved selve Livet
          blev værd at begære.

En Enhed, en højeste
          Enhed må findes,
en Glans, hvoraf alle
          dets Dybder beskinnes.

Hvad er det, vi søger
          i Byer og Bøger,

når ej det er Ry
        eller Magt eller Skøger —?

Ak giv mig som Afgrunds-
        og Himmel-Stormer
det Greb, som kan knytte
        de tusinde Former,

den Kløgt, som får Livsens
        Guldnøgler givet,
kongelig, uden at
        sparke til Livet,

den dybe Drift,
        som blev aldrig stillet,
men sejrende ser
        i Alverden sit Billed.

Hvad kan jeg da ønske?
        Lidt Brød og lidt Ære

— ——————————————

——————————————

——————————————

Men foreløbig
        kun Ret til at være.

I Paris

Hun var af de Kvinder,
hvem ukendte Kræfter blev givet.
Fyrstinder, der rejser
incognito ude i Livet ...

Som født med et Scepter
hun hersked bekvemmest foruden;
hun havde den Vane
at optræde uindbuden.

Alene med Blikket
betvang hun to Gadebetjente,
som kaldtes til Hjælp
mod den trodsige Ubekendte.

Hun lignede Judith,
som just havde Perseren slagtet.
Det kribler så dejligt
at blive så dybt foragtet!

En knejsende Bronce
med hånende Blik (que diable!)
blodig som Spanjens
og Maurernes grummeste Fabel.

Med Øjenlåge
så tunge og svulne af Flamme
og hånlige Skuldre
som sprungne af kongelig Stamme.

Hun havde den Skønhed,
som Intet i Verden forsoner.
Hvert Ansigt bær' Budskab
om kommende Revolutioner.

Hun tegned med Fingren
Sandhedens Linjer i Sporet
af Vinen, som randt
fra de væltede Glas over Bordet.

Venezianske Fantasier

Så meget Løvværk hænger
        skyggende ud over Mur,
så mange Skodder stænger
        for Solen de Vinduers Bur.
Jeg følger Stemningens Veje
        forbi Palads og Palads.
Jeg når ad Lagunens Leje
        tilsidst vel den store Plads.

Hvis noget ukendt ej møder,
        som gør mit Hjærte stort!
... det rustgule Marmor gløder,
        og Skyggen er favnende sort ...
hvis ikke jeg møder en Lykke,
        og allerhøjstsammes Portræt
ror frem i Takt til et Stykke
        af Fløjte og Klarinet —!

Så sejler jeg lykkelig ledig
        ... I Går under samme Sol
blev Moren af Venedig
        hidkaldt, som Dogen befoel ...
Bag stille Lagunepaladser
        åbner sig vrimlende stor
den ældste af Byens Pladser:
        der står han, den krigerske Mor.

Duerne flyver derover!
    Han hilses af Doge og Råd
blandt Støtter af Marmor og Kobber.
    Desdemona går i hans Båd.

Gondoler er så lette,
    hans Byrde var så tung.
Men Bølgerne bliver ej trætte,
    Bruden er blussende ung.
Han luder sit Broncehoved
    tungsindig i Jomfruens Skød,
og den, som blev ham lovet,
    er hvid og god som Brød.

Der holdes på Byens Taverner
    adelig ung Pokulats.
Man hædrer i gammel Falerner
    de to — og citerer Horats.
Man klinker til Morens Minde,
    det synes for evig Tid
en Dåd, at en Patricierinde
    har sagt Ætioperen hvid.

... I Ædle! — ja hyld mig i Tide,
    mens Moren er from og god ...
Ak Klodsen ved Skønhedens Side,
    som tynger den muntre Flod,
er mig ... Og dyrt bliver Lykken,
    der adler os, betalt.
... De siger: en Mor i Venedig
    har sin Desdemona kvalt.

Rundt om i Syden finder
        man Gader med Lavasten
og Kvinder, som sidder og spinder
        i Skyggen med deres Ten.
Og her ved Lagunen blunder
        i Skyggen så mangen Person,
hvis Skønheder ungt sig runder
        om Kap med en Vandmelon.

En uklog Mor, der vil sætte
        sin Sjæl på et enkelt Kort
og for en eneste Trætte
        slænge sin Livsmønt bort!
Langt heller ved Sol eller Stjærner
        da færdes i Ungdommens Båd
og vædes af gammel Falerner,
        af Dug og af Fløjtegråd.

Sol i Lagunerne vækker
        Æventyr op i mit Sind.
Let gennem Døre og Sprækker
        lister mit Øje sig ind.
Jeg frygter kun Stortorvets Stene.
        ... Da kommer skøn Portia
i Båd med den fine Verbene.
        Jeg slipper ikke derfra.

Giulietta i Gravkamret

Et Marmor uden Plet er denne Dukke,
hvis lange Hår sig sort som Natten ringler
omkring det magre Legems stolte Vugge,
nær hvilket Romeo i Døden svingler.

Let blegner hendes Læbers fine Lukke.
Men intet Træk forstyrres hos den Smukke,
der hviler, som hun sov, forklaret næsten,
dræbt — mon af Månestråler eller Pesten?

Selv Døden rev fra disse Træk ej Masken.
Og når hos andre Veroneserinder
vi endnu samme Dødsberedthed finder,

da lad os gløde for dem, selv i Asken,
og kranse dem og os til Bryllupsfesten ...
Forråder de os — vel, vi vælger Pesten.

Venedig

Man kommer til Venedig ad en Jærnbanebro
— en By i Lagunen, som aldrig går til Ro.

Der findes ingen Måger. En kurrende Sky
af Duer bedækker den vognløse By.

Af alle de Kvinder, som i Venedig bo,
går de halve med Tøfler og de halve med Sko.

Hvis du er velbeslået og ikke altfor bly,
hver eneste Aften kan du have en ny.

Og de, som kun har Tøfler, har om Skuldren et Sjal.
Men de fleste har en Elsker og desuden en Gemal.

*   *   *

Man hører i Venedig for hvert et Skridt, man går,
en Gondolieres Tilråb: *La gondola, signor?*

I Følge med to Landsmænd jeg kom der som Gæst.
Den ene var en Købmand, den anden var en Præst.

Vor Købmand steg i Båden og skyndte sig at bé'
om at blive roet hen, hvor de smukke Piger lé.

Der stod vi andre flove og vidste ikke Råd,
indtil Pastoren vinked ad den følgende Båd.

Vi sejled til den Ø, hvor de døde har Plads,
og til en anden Ø, hvor der pustedes Glas.

* * *

Min Præstemand var frisk og fornuftig hans Snak.
"Der smider han sit Hjærte i den store Kloak.

"Jeg kendte som ung så mangen fiffig Ka'l,
der dog kom til kort i en mudret Kanal,

"men leved længe efter og troede, ja mindst,
at have vundet Livets allerstørste Gevinst."

* * *

... Man hører i Venedig for hvert et Skridt, man går,
en Gondolieres Tilråb: *La gondola, signor?*

Man tror, Venedigs Nætter bliver tilbragt med at ro
og beruse sig i Vand under Sukkenes Bro.

Ak nej! Når Stadens Skønne forelsker sig så let,
vil de drikke fyldig Vin og vil spise sig mæt.

Da ler de højt og følger, så langt som du vil.
Uden Serenader har du vundet dit Spil.

Som trinde Pælemuslinger gror på deres Pæl,
så gror Venedigs Skønne: de fleste mangler Sjæl.

* * *

Det hele Venedig er dog en sær Butik,
et Dukkeskab med Skuffer og blank Mosaik.

Og da jeg gik derind, fik jeg en Trylledrik.

Det bugter sig i Gange, hvor man kan løbe vild.
Det er en Klynge Slanger, som udspyr Sol og Ild.

Det er Medusas Hoved ... se nærmere til!

*   *   *

Medusas Datter åbned vor Købmand sin Mund.
Der findes ingen Blomst i Venedig som hun.

Der findes mange Flaner, som tager lange Skridt
og som i Råhed — ritsj! — går tyve Mil for vidt,

men ingen som hun, der har stille sat sig hen
med sin lille trange Mund for at opæde Mænd,

som sidder med sin Attrå så feberagtig stum
og giver Mandens Tanker des vildere Rum.

Det ligner Svangerskab — dog nej, hun fødtes gold.
Hun er Medusabilledet på Byens blanke Skjold.

*   *   *

Jeg gad se Venedig på en Festdag,
når alt, hvad den rummer, tropper sammen
og rejser sig for vildt at sprænge Rammen,
Venedig er den underligste Verden.

Jeg gad se Venedig i dens Storhed.
Denne Stad — er den bygget på Pæle? —
giver Storhed selv dem, der mangler Sjæle,
og har Vand til at slukke store Flammer.

Venedig er en Verden for sig,
organisk, et havomslynget Hele.
Jeg gad se dens splidagtige Dele
hylende — en Kampdag, en Festdag.

Og jeg tror, at de vilde klinge sammen,
og i Luften vilde Duerne sig parre.
Og Venedig vilde le ad alle Narre,
som ikke var født i Venedig.

* * *

Der findes her i Verden så mangen fiffig Ka'l,
der er kommen til kort i en dyndet Kanal.

Det gik mig som Præsten: jeg turde ikke bé'
om at blive roet hen, hvor de smukke Piger lé.

Man førte os til Øen — de dødes Hvileplads!
og til en anden Ø, hvor der pustedes Glas.

Er jeg som denne Præst? Er mit Liv halvt forbi
og rinder kun i Dråber, som jeg gør til Poesi?
(jeg har kun mit poetiske Glaspusteri)
og kan jeg ikke føle, som andre, Fryd og Mén?
— da ro mig bort til Øen med de mange hvide Sten.
Dér er, selv i Live, mit rette Land og Len.

* * *

Men jeg er varm. Jeg mærked min Styrke i Behold,
da jeg så' Medusas Hoved på Byens blanke Skjold.

Il letto

Til Signora Giovanna —

Den Jærnseng med Kniplingepuder
bred som den rolige Nyden,
den minder om Ungdomsrejser
og Middagstimer i Syden,

hvor Søvnen er tryg som Naturen
og Kniplinger haves kun ægte;
det hele er købt for en Hægte,
selv Helgenportrætet på Muren —

hvor Kalkning og Kamfer fjærner
en Huslugt — af Olien og Osten —
hvor Sengen er hvid, og hvor Resten
bli'r renholdt med Vievandskosten.

Der luer bag Skoddernes Mørke
et Skær på de Kniplingepuder,
i hvilke som unge Turister
vi sover til Middag som Guder.

Hvem ved hvilke Syndens Sirener
trods Lovbud og Myndigheder
på denne Seng for en Time
har hvilt hvilke Yndigheder?

Og ikke Sirener, nej Kvinder
med Hjærter af fineste Silke-
Kniplinger fra Valenciennes
har hvilt her en Time ... Ak hvilke?

På Sengens Fodstykke græsser
idylliske Æsler og andet,
og Billeder ses af Prinsesser
fra Soria-Moria Landet.

Den dejlige Dronning af Saba
hun er med Muldyr og Gåder
på Vej for at prøve Kongen,
som i Jerusalem råder.

Men selv blev hun hårdest prøvet:
et Sted ved et Muldyr-Skifte —
hun tabte sin Dyd til en Slave
og misted sin Yndlingsvifte.

Og da hun kom frem for Kongen,
han afslog hver hendes Gave,
da Dronningens fineste Gåde
var skænket en kulsort Slave.

Den unge Kong Salomon rakte
den blussende Dronning Viften,
som Slaven havde bragt ham,
det sikre Pant på Bedriften.

Hun hvisked: ”Det var ved Middag
i Herberget, og jeg brændte

efter Jerusalems Konge:
da lod jeg en Slave hente.

”Jeg hented en kulsort Slave.
Jeg selv er brunet af Solen.
Kong Salomon, du er en Dåre!
jeg vilde jo elsket dig såre!”

Ved hver Station på sit Hjemtog,
ved hvert et Mulæsel-Skifte
tog hun en Slave til Elsker
og sendte ham bort med en Vifte.

Hun sendte dem alle med Vifter
til Salomon en efter anden.
Han ejed en Samling, hvorover
af Længsel han gik fra Forstanden.

Han tilbød tilsidst sit Rige
blot for den Nådegave
en Time at blive den dejlige
Dronning af Sabas Slave.

Men Sabas Dronning lod svare,
at lykkelig lægt for sin Iver
hun elsked desværre ej Kongen —
”Ak var han en Mulæseldriver!”

... Hvor snildt og forslagent de knejser
de Kvinder med Hjærter af Silke-
Kniplinger fra Valenciennes,
vi søgte på Ungdommens Rejser!

Nu tror vi på Drifter som Stråild
og Troskab som Favnebrænde.
Vi tror ikke mer, der er Hjærter
som Kniplinger fra Valenciennes.

VIII

Der findes Asner, som vil have,
at Nattergale med en Sæk
hver Morgen skal til Mølle trave.
Jeg kalder denne Fordring fræk,
da ingen Nattergal forlanger,
at noget Asen bliver Sanger.
(Efter Bürger, se tilforn)

Grave

Og før vi ved af det, er det forbi,
alt Livets livsalige Djævleri ...

På Kirkepladsen St. Clara,
hvor et Par Elme hælde,
der ligger Carl Michael Bellmann
og har ikke mer at fortælle.
Akademiet har rejst ham
en Sten, den største i Haven,
hvorunder Carl Michael Bellmann
er ... altså ... begraven.

Her hviler nu Stockholms Digter
måske og befinder sig vel.
Den tæt tiltrampede Jordbund
ernærer end ikke en Nælde.
Når Nabogyderne gjalder
af Sværm og af Sange ved Kvæld,

da ryster kun Elmenes Kroner
skæmtende med deres Bjælde.

Og jeg har set et Under
ved Graven en Sommernat:
et Pigebarn kyssed Medaljen,
som Akademiet har sat.
Halvt lod hun sig løfte, halvt klatred
hun op på den kolde Sten,
mens fyrige Ungersvende
holdt fast ved Mamsellens Ben.
Der drak hun fra Sanggudens Læbe
en Rus, som var dobbelt sød,
fordi hun selv var så ildfuld,
hans iskolde Mund så død.

Hvor hviler en Digter vel bedre
end mellem sine egne ...
på den snævre Plads ved St. Clara,
hvor Livet er nær alle Vegne —?
Man smuldrer allertryggest
i Fædrelandets Skød.
Der gør man de største Undere
— efter sin Død.

Og Elmen begyndte at smælde
og hviske og svinge sin Bjælde,
som vilde den gøre bekendt:
"I Aften har Bellmann omsider
sit rette Monument."

Hvem var hun? En Datter af Ulla?
hvis Uskyld (en skøn Ruin)
var styrtet ... måske i Aften,
til Valhorn og Violin —?

De fleste er bange for Graven,
men hun tog Døden med Trumf —
hun var som et Billed på Livets
evige unge Triumf.

* * *

Jeg dvælede længe ved Stenen
den lyse Stockholmernat
og husked en anden Digter,
den kække, landflygtige Heine,
som fjærnt fra de tyske Alkover
og hjemlig dryppende Regne
et Sted på Montmartre sover
så fornemt og dybt forladt.
Der så jeg en Gang den Ligsten,
hvorunder han lagdes ned,
en Sten, hvis tålmodige Flade
var strakt på den vandrette Led,
som skulde den lave Tavle
forråde med spøgefuld Viden,
at det, man med Flid holder nede,
des bedre vil stå imod Tiden.

Men ingen nordtysk Pige
kan over hans Gravsted sprede
sit fattige Knippe Violer,

en blid og beskeden Resede.
Ak Vejen er lang — så lang,
de tyske Blomster vil falme.
Måske vil en Kejserinde
dog sende sin Digter en Palme
og dø for en Snigmorders Dolk
som Tak fra det skønsomme Folk.

Og dette er just i sin Orden;
thi han lo ad de Bjørne i Norden,
og med Spøg holdt han Mismodet nede
og spared ikke Ømhed og Vrede.
Og som der er ingen Retfærdighed til
af højere Art end i Handel og Spil,
hvor det gælder, at 2 plus 2 er 4,
det er Dårskab at spille på Lire,
og "kom os ej nær med dine Harper,
her slås vi som de røveriske Karper",
og "der gives på Jord ej Suveræner,
vi har hver vore egne små Domæner"
(Journalister, Pietister og Hyæner)
"det gælder kun at regne med Tabellen
— med den lille — ellers går du strax i Fælden",
så blev Heinrich Heine jævnet med Jorden,
og han ler endnu af Bjørnene i Norden.

... Han var fra sin Ungdom en Mester,
hvis Navn blev kastet fra Hav til Hav
som en drivende Palmestamme,
som Månesølv eller Rav.

Julebrev

Jeg ønsked at skænke det hele Paris
                    til mine tre Piger
med Seinen og Luxembourgs Paradis,
                    Versailles' Æventyrriger.
Til Kitty Drue og til Ilsuccia,
og til deres Moder, Fru Annuccia,
jeg ønsked at skænke det hele Paris!

Jeg gik til det strålende Bon-Marché.
Jeg klatred på Trapper og Stiger,
og dejlige Sager fik jeg at se:
en Kaffekande med mærkelig Hank,
en Pelsværkskåbe til tusind Frank,
et Æsel som skryder, en Dukke, som skriger.
Jeg vilde købe det hele Paris
                    til mine tre Piger.

Jeg vilde købe to Gedebukke
til Kitty (de var for Resten så smukke.)
Jeg vilde købe på Bon-Marché
den nyeste franske A B C
til Ilse og skrive: Min Julegris,
Ilsuccia mia, læs og bliv vis!

Og skulde vel Moderen stå til Skamme?
Jeg købte en højrød Silkevest
fra Væverier, som findes i Brest,
til Anna — "som Tak til en gammel Flamme".

Men tænk! de kunde,
                    ved Bon-Marchés Bank,
ej vexle en Seddel
                    på tusinde Frank!
Jeg havde i Hånden en Tusindfranks-Note.
Men Varerne blev mig dog ikke betro'te.

Og da jeg kom ud fra Bon-Marché
lidt trist, som jeg ikke nægter,
i Tusmørket gik der en fattig Mand
på Gaden og solgte Prospekter.

Jeg købte Versailles, jeg købte Paris,
han solgte det hele til nedsat Pris
fra Kirken på Place Madeleine
til Luxembourgs skønne Fortæne.

Jeg ejer Banknoter på tusinde Frank,
når bare de Folk kunde bytte
i Bon-Marché, som er Tidens Bank,
og som er til usigelig Nytte.

... Her købte jeg nu for lidt Småmønt
Paris og dens Æventyrriger.
Jeg havde jo lovet at skænke Paris
                    til mine tre Piger.

Dansk Forår

Naturen min Elskerinde
har taget sit Forklæde på,
sit Forklæde af Anemoner,
slængt over Kjolens Grå!

Naturen min Elskerinde
er bleven så formiddagsklædt
med grønne Buketter ved Bæltet.
Nu er jeg ilde stedt ...

Jeg sidder atter i Lunden
på Bænkens frønnede Træ
og stirrer henad en Gangsti
med Hænderne under mit Knæ;

jeg attrår de spirende Urter
og trækker dog Vejret så frit,
hænger ved dette Klæde
af Grønt broderet med Hvidt.

Naturen min kyske Veninde
skænker mig Sol og Læ
og alle Slags friske Farver,
broderede ved hendes Knæ.

Men blir det mit Hjærte for broget,
så slår der en Nattergal

i Haven, til Tegn og til Trøst: — at
en anden er ligeså gal.

Naturen min unge Moder
har rakt mig sit Forklædes Flig.
Og endt er Dæmonernes Hærværk.
Jeg er i mit Himmerig.

Aftenandagt

Det er den Stund, da Mørket, sig bredende,
opfylder Haverne, Vangene,
da Pindsvin sværmer i Gangene
og Tjenestepiger ved Ledene.

Den Time, da Natten, den fredende,
vækker i Villaen Sangene,
mens lille Rebekka til Klangene
luger Salaten i Bedene.

Den Stund, efter Dagen, den hedende,
da Blomsterne rejser sig prangende,
men Fuglene tier bag Hangene
og Vejene lytter til Fjedene.

Nu slæbes de selvopgivende
søvntrætte Småbørn i Badene.
De bér til den Alt-forladende.
Nu skjuler sig Svanen i Sivene.

Og Moderhjærtet, det anende,
er bleven vidunderlig drømmende.
Hvor taler du sødt og formanende,
Caty, min Svane på Strømmene.

Brev fra Landet

Efterårsdage,
Regnvejrs-rolige,
i det Ømt-Forbundne,
i det Dybt-Fortrolige.

En Ledsagerinde,
der sidder hos
og botaniserer
det bløde Mos.

Et Regnvejr, et Regnvejr
har sølvstænket Kappen,
men Træet gi'er Ly
foran Hovedtrappen.

Og Øjnene bort
imod Laden vanker
i gamle, betænksomme
Tagskæg-Tanker.

* * *

Hvor er de Høst-Timer
tunge og frodige,
fulde af Bedrifter,
som ikke er blodige.

Bag Plovstyret brummer
Forvaltren i Skæget,
og Muldvarpen roder
i Grananlæget.

Og al Ting er Travlhed,
selv Regnen gør Nytte.
I Bryggerset Mejersken
vender sin Bøtte.

Ejeren og Ormen
er alle Patrioter,
som hver har sit at passe,
en Flok af små Despoter.

*   *   *

Før blinkede Havet
i Solen og Brisen,
og over Altanen
der knirked Markisen.

Nu daler de Uger
og Dage så tætte,
mens Hjærterne suger
sig store og mætte.

Og Elskeren løser
sin Elskedes Tyl
for sidste Gang
i et græsgrønt Idyl.

For sidste Gang
skal den høstklamme Tue
tændes af jublende
jordvarm Lue.

* * *

Der holder en Bonde
med Tørv og med Brænde
til Næring for Ovnen.
Vor Sommer fik Ende.

Her damper en evig
og velsindet Tåge,
mens Tusmørket lukker
for Huller og Kroge.

Vort Blod, som af Ungdom
i Fortiden svulmed,
skal lære at gløde
ved Mørket og Mulmet —

vort Væsen, som Kulden
behandler ukærligt,
— at åbne sig dobbelt
så menneskeherligt.

Ved Efterår sidder
        de visne Eroter
ved Ovnen og gløder
        de iskolde Poter.

IX

Mennesket

Jeg er en Kongesøn, som blev født til megen Lykke,
og jeg elsker hele Verden ... og jeg blæser den et Stykke.

Og jeg hører hele Verden som et væligt Udyr larme
for at omslynge mig med Hundredtusind Arme.

Og den lurer på mit Liv mellem Skær i skjulte Bugter
som en Slange under Løvet — for at øde dets Frugter.

Og Alverden tror mig fældet og hos Døden fast forhyret,
men jeg vandrer velbestøvlet på Ryggen af Dyret.

Og jeg elsker den. Jeg fødtes til Fare og til Lykke.
Og jeg og Verden blæser hinanden et Stykke.

Jeg har genkendt Dragens List hos en meget kysk
                                       Prinsesse,
som var kongelig og from ... og en Gang på en Kærmesse

hos en Slangetæmmerske, som med Hånden fuld af
                                       Slanger
mig bød en spændig Favn, som jeg modtog uden Anger.

Havde Kongens Barn mig fristet, så var for Gud vi gifte,
og min Verdensfart var udsat til næste Kongeskifte.

Havde Slangetæmmersken med sin Ild ej sønderslidt
                                       mig
og jeg ej elsket hende — hendes Slanger havde bidt mig.

Men jeg så med Studsen Dyret i dets stumme slange-
                                                   nøgne
Forladthed, og jeg rørtes af et Glimt i dets Øjne.

Thi de Øjne elsked mig med en talende Flamme:
"Skønt vore Viljer strides, er vor Lyst dog den samme."

Og jeg kaldte disse Øjne med de helligste Navne.
Og jeg selv har tusind Arme, og jeg kunde alt omfavne.

Ja på min Vandrings Tinder jeg svimler kraft-berøvet,
når jeg skimter ej det Levende, som lurer dybt bag Løvet
—

når Tåber spørger Prinsen, hvor hans smukke Dragt er
                                                    skåret,
og fritter travlt om Kongesønnens Indtægt om Året.

Å disse Mænd og Kvinder med dumme Smil og Næser,
der kan slet ikke fatte de Stykker, Prinsen blæser.

Der er Folk, hvem hans Letsind forbitred uvilkårlig,
og andre, som til Gengæld finder Prinsen for alvorlig.

Der er Folk, han aldrig kendte, som fornægter ham og
                                                   hader,
fordi han er en Søn af en Konge — af sin Fader.

Af Frygt for deres Arne de krummer sig og krymper,
og de kalder ham en Prins uden Land, derfor en
                                              Stymper.

Men jeg elsker hele Verden, og jeg blæser den et Stykke.
Jeg er en Kongesøn, som blev født til megen Lykke.

Jeg er kommen som et Råb fra Livets store Skove.
Ej ændrer jeg en Tøddel ved Eders Hverdagslove.

De Love kan I knytte så fast, I selv det nemmer,
I vil dog altid mindes, at Skovene har Stemmer.

Ja Skovene har Stemmer, og Havets Sandbunds-nøgne
Bugter synes blinke med blå og grønne Øjne.

Og jeg elsker disse Øjne, og min Lyst er ikke styret,
før jeg ser min arge Elskede — Verdensuhyret.

Ad slimede Kanaler med Dynd og Pakhusrotter ...
for at søge Drypstenssale og underfulde Grotter ...

jeg iler med et Hjærte, som Guden Pan forfærded,
og med et Mod til Døden, som Prøvelser har hærdet.

Jeg vover tit, når Nætterne er bællene sorte,
at kalde på den Dejlighed, der bor nær Dødens Porte.

Og i søde Middagsstunder, når Slangen var bedåret
af sit eget store Hjærte, jeg blev til Elsker kåret.

Da gælder det at tage det Nu, som bliver givet,
for at favne Livets Drage, som står mig efter Livet.

Men Hånden må jeg støtte på Verdens trygge Axe

for at undgå Dyrets Hævn og de frygtelige Saxe.

Jeg elsker Dragens Vildskab, og Slangebrådde stikke
kun dem, der ser på Slanger med forgiftede Blikke.

Og jeg holder gyldne Fester med Guden eller Dyret,
som er det tavse Pulsslag i Verdensuhyret.

Jeg elsker selv den Flamme og Gift, som Slangen hvæser,
og jeg blæser den et Stykke. Vil I vide, hvad jeg blæser?

Ja, når den fnyste giftig og morderisk i Hammen,
jeg hviskede som Præsten: "Det er Kærlighed
                                                    altsammen."

Og når jeg skimted Glansen af den skønne Havfruhale,
jeg hørte Sus af Skove og Sang af Nattergale.

En Gang skal helt i Elskov hinandens Hu vi fange.
Da vil jeg hviske til den: "Guddommelige Slange!

"Guddommelige Slange! Jeg var min Kraft berøvet,
når jeg ikke så det Levende, der glimted dybt bag Løvet."

Da bliver den en Guddom. Ikke Dragen ond og tornet!
Det Instrument, jeg blæser, kaldes Vidunderhornet.

Capri, 1903